## OS SETE PRINCÍPIOS HERMÉTICOS NA

# MAÇONARIA ADONHIRAMITA

Luiz Fernando Takase

# OS SETE PRINCÍPIOS HERMÉTICOS NA MAÇONARIA ADONHIRAMITA

MADRAS®

Editor:
Wagner Veneziani Costa (*in memoriam*)

Produção e Capa:
Equipe Técnica Madras

*Revisão:*
Jerônimo Feitosa
Ana Paula Luccisano

**Dados Internacionais de Catalogação na Publicação (CIP)**
**(Câmara Brasileira do Livro, SP, Brasil)**

Takase, Luiz Fernando
Os sete princípios herméticos na Maçonaria Adonhiramita
/ Luiz Fernando Takase. -- São Paulo :Madras Editora, 2025.

Bibliografia.
ISBN 978-65-5620-102-3

1. Esoterismo 2. Espiritualidade 3. Maçonaria I. Título.

25-260984 CDD-366.1

**Índices para catálogo sistemático:**

1. Maçonaria : Sociedade secretas 366.1
Eliete Marques da Silva - Bibliotecária - CRB-8/9380



**MADRAS EDITORA LTDA.**
Rua Paulo Gonçalves, 88 — Santana
CEP: 02403-020 — São Paulo/SP
Tel.: (11) 2281-5555 - (11) 98128-7754
**www.madras.com.br**

# ÍNDICE

S.·.

S.·. S.·.

# PREFÁCIO

## Hermetismo

O Hermetismo é uma tradição esotérica que remonta ao antigo Egito e tem suas raízes associadas ao lendário personagem Hermes Trismegisto, considerado o mestre das artes ocultas. Esta tradição abrange um conjunto de ensinamentos filosóficos, práticos e religiosos que visam à compreensão profunda dos princípios universais.

No âmbito filosófico, enfatiza a ideia da correspondência entre os planos microcosmo e macrocosmo, em que o indivíduo é visto como um reflexo do universo maior. Na prática, preconiza métodos que visam à transformação espiritual e ao desenvolvimento pessoal, como a Alquimia, que busca a purificação e a transmutação da alma. Além disso, utiliza símbolos e rituais para acessar planos superiores de consciência e manipular energias sutis. Do ponto de vista religioso, frequentemente incorpora elementos de diversas tradições, incluindo o gnosticismo e a filosofia neoplatônica, buscando uma compreensão integrada da natureza divina e da jornada espiritual do ser humano.

Essa síntese de conhecimentos culmina em uma visão holística e integrativa do cosmos e da condição humana, proporcionando um caminho para a iluminação e a sabedoria transcendental.

# Maçonaria

De acordo com o Grande Oriente do Brasil (GOB), a maior e mais antiga Potência Maçônica brasileira (associação de Lojas Maçônicas, também chamada de Obediência Maçônica), a Maçonaria é uma instituição essencialmente filosófica, filantrópica, educativa e progressista. É filosófica porque, em seus atos e ritualísticas, trata da essência, das propriedades e dos efeitos das causas naturais. Investiga também as leis da natureza e as relaciona com as primeiras bases da moral e da ética. É filantrópica porque não é constituída visando ao lucro; suas arrecadações e recursos se destinam ao bem-estar da sociedade por meio da evolução pessoal e espiritual e da tranquilidade da consciência. É educativa porque busca o aperfeiçoamento intelectual e moral de seus membros por meio do estudo, da reflexão e do aprendizado contínuo. É progressista porque parte do princípio da imortalidade da alma e da crença em um ente superior criador do Universo, sem, no entanto, seguir dogmas ou superstições. Preconiza a busca da verdade por meio da razão com base na ciência.

O principal objetivo da Ordem é a investigação da verdade, o exame da moral e a prática das virtudes. Para tanto, os maçons seguem os princípios da liberdade dos indivíduos e dos grupos humanos, a igualdade de direitos e obrigações, a fraternidade de todos os homens, bem como a fraternidade entre todas as nações.

Os maçons se reúnem periodicamente em suas Lojas Maçônicas para Sessões Ordinárias ou Magnas, nas quais realizam seus trabalhos de forma ritualística de acordo com o rito adotado. Os ritos são um conjunto de regras, métodos, ritualísticas e cerimônias, regulados segundo as tradições e os preceitos. Apesar de cada rito ter diversas origens e peculiaridades únicas, todos possuem a mesma essência, devendo seguir as leis e os princípios fundamentais da Ordem.

# Rito Adonhiramita

Dentro os diversos ritos maçônicos presentes no Brasil, o Rito Adonhiramita se destaca por sua profunda espiritualidade e simbolismo. É caracterizado pela fidelidade às tradições e aos antigos mistérios, mantendo sua essência original, transmitida por gerações por meio das suas ritualísticas e práticas iniciáticas, desde as Escolas de Mistério da Antiguidade até a Maçonaria Operativa. É um rito altamente espiritualizado, metafísico, teísta, esotérico e místico, que contém influências de diversas correntes filosóficas e/ou iniciáticas, dentre elas, o Movimento Rosa-Cruz, a Alquimia, a Cabala, a Magia e o Hermetismo.

O rito possui diversas peculiaridades em relação aos demais ritos praticados no Brasil, como o tratamento de Amado Irmão; o uso do Nome Histórico; a posição dos 1º e 2º Vigilantes (bem como a posição das Colunas J e B); o uso de gravata e luvas brancas; a utilização de chapéu e espada pelos Mestres; a proteção mística dada pelo Cobridor Interno; o pé direito à frente na marcha do Grau; Adonhiram como personagem central na construção do Templo de Salomão; a circulação em Loja; o profundo misticismo na Abertura da Loja; a Cerimônia de Incensação; o Cerimonial do Fogo; a formação do Pálio; a abertura do Livro da Lei no Evangelho de João; as 12 badaladas argentinas; a palavra de Aclamação; e todas as representações na Cerimônia de Iniciação.

# Objetivos

A presente obra tem como principais objetivos:

1. Oferecer mais informações e reflexões sobre o Hermetismo e sua profunda relação com a Maçonaria, em especial com o Rito Adonhiramita.
2. Abrir novas perspectivas e abordagens nesses interessantes temas, levando ao aprofundamento dos estudos maçônicos e filosóficos.

# A Obra

Antes de mais nada, deve-se esclarecer que não sou um iniciado na filosofia hermética, muito menos detentor dos profundos conhecimentos desta antiga e misteriosa tradição filosófica. O material apresentado neste livro é fruto da minha interpretação de obras herméticas, aulas e palestras assistidas sobre o assunto.

Iniciado na Maçonaria em 2014, tenho a convicção de que sou e sempre serei um aprendiz dos Augustos Mistérios da Ordem. Assim, o conteúdo da presente obra consiste em minhas reflexões e opiniões pessoais, convidando o leitor a expandir seus horizontes maçônicos e aprofundar-se nos preceitos herméticos. É importante ressaltar que as opiniões expressas aqui são estritamente individuais, não representando, de maneira nenhuma, a posição oficial do GOB ou de qualquer outra Potência Maçônica Regular e Reconhecida no Brasil. Todas e quaisquer dúvidas devem ser encaminhadas formalmente para a Secretaria Geral de Orientação Ritualística do GOB ou para as instâncias responsáveis pela ritualística das demais Potências Regulares e Reconhecidas no Brasil.

A Maçonaria não é uma Ordem secreta, mas uma Ordem discreta. Assim, os únicos segredos que os maçons juram manter ao ingressar na Ordem são as alegorias e os símbolos que fazem parte da ritualística, além dos sinais e dos toques que permitam o mútuo reconhecimento. Ressaltando que esses segredos não escondem quaisquer intenções ou ações ilegais e/ou imorais da Ordem enquanto instituição. Assim, para preservar os Augustos Mistérios, o presente livro não abordará detalhes da ritualística ou cerimoniais que ocorrem nas sessões ordinárias ou magnas.

T.·.F.·.A.·.

*Am.·. Ir.·. Luiz Fernando Takase*

# Capítulo 1

# OS SETE PRINCÍPIOS HERMÉTICOS

*"Os princípios da Verdade são sete; aquele que os conhece com entendimento possui a chave mágica sob cujo contato todas as portas do templo se abrem."*
(*O Caibalion*)

## 1. Princípio

### 1.1 Conceito

De acordo com o *Dicionário Online de Português*, a palavra "princípio" é um substantivo masculino que significa: "o começo, o que ocorre ou existe primeiro que os demais: princípio dos tempos"; "início de uma ação ou processo: no princípio do trabalho era mais feliz"; "o que fundamenta ou pode ser usado para embasar algo, razão"; "informação básica e necessária que fundamenta uma seção de conhecimentos: princípios da Matemática". Na Física, significa: "lei de teor geral que exerce um papel importantíssimo na prática e desenvolvimento de uma teoria, a partir da qual outras se derivam". Na Filosofia, tem o seguinte significado: "razão ou efeito de uma ação, proposição usada numa dedução". Sua origem etimológica vem do termo em latim *principĭum*, que quer dizer "origem", "causa próxima" ou "início".

Os Princípios são verdades ou proposições fundamentais que servem como base para um sistema de crenças, comportamento ou cadeia de raciocínio. Geralmente, são considerados características essenciais de um sistema, que seria ineficaz ou impossível se qualquer um deles for ignorado. Também podem ser seguidos como um código de honra ou ética, por exemplo, o *bushido*, o "caminho do guerreiro", o código de conduta e modo de vida dos samurais da Antiguidade.

Na natureza, são as leis fundamentais que governam o funcionamento do universo e possuem consequências inevitáveis. São os conceitos essenciais que descrevem leis ou padrões, como, por exemplo, as Leis da Física, os Princípios Biológicos, Químicos ou Astronômicos.

## 1.2 Religiões

Os princípios doutrinários são os pilares sobre os quais um sistema de crenças é construído, fornecendo a estrutura e a direção para o entendimento e a prática de seus ensinamentos e valores. São considerados verdades ou axiomas centrais que orientam a compreensão, a prática e a adesão de seus seguidores.

Geralmente, abordam questões fundamentais, como a natureza das divindades e do divino, o propósito da vida, a moralidade, a conduta humana, o destino após a morte e outros temas essenciais que ajudam a definir a identidade e a visão de mundo.

No Cristianismo, os princípios essenciais são a crença em um único Deus, onipotente, onisciente e onipresente; a crença de que Jesus Cristo é o Filho de Deus e o Salvador da humanidade, que morreu na cruz pelos pecados dos homens, ressuscitou e subiu aos céus; a Bíblia é considerada a Palavra de Deus, a principal fonte de orientação espiritual e moral; por fim, a salvação pela fé em Jesus Cristo.

Já o Islamismo acredita que Alá é o único Deus, e que Maomé, o maior e último dos profetas, recebeu a revelação do Alcorão, o livro sagrado do Islã, que contém as palavras de Alá. A religião também se apoia nos Cinco Pilares do Islã, os princípios fundamentais que todo muçulmano deve seguir, que incluem a *Shahada* (crença em Alá e em

Maomé como seu profeta), *Salat* (oração), *Zakat* (caridade), *Sawm* (jejum durante o Ramadã) e *Hajj* (peregrinação a Meca).

O Judaísmo também acredita em um único Deus, chamado *Yahweh*; considera a Torá o livro sagrado, que contém os ensinamentos e as leis divinas reveladas a Moisés, o qual prega que os judeus foram o povo escolhido por Deus para cumprir suas leis e ensinamentos; e o cumprimento e a observância dos 613 Mandamentos (*Mitzvot*), fundamentais para a vida judaica.

O Hinduísmo, por sua vez, possui uma diversidade de Deidades, mas todas são manifestações do *Brahman*, a realidade suprema. Acredita na reencarnação, na qual a alma passa por múltiplas vidas, cada uma com um propósito maior. Prega o Karma, que mostra que todas as ações levam às suas respectivas consequências: boas ações levam a boas consequências e más ações levam a más consequências. Por fim, refere-se ao *Darma* como dever ou propósito individual na vida.

O Budismo prega o Nobre Caminho Óctuplo, composto por oito práticas essenciais para alcançar a iluminação, que incluem visão correta, intenção correta, fala correta, conduta correta, meio de vida correto, esforço correto, atenção plena correta e concentração correta. Também acredita nas Quatro Nobres Verdades, que delineiam a natureza do sofrimento (*dukkha*), das suas causas (desejo e ignorância), da cessação do sofrimento e do caminho para alcançar essa cessação. Semelhantemente ao Hinduísmo, o Budismo também acredita na lei do Karma e na reencarnação, pela qual o adepto alcança o Nirvana, o estado de libertação do ciclo de renascimento e sofrimento.

## 1.3 Esoterismo e Misticismo

Em muitas tradições esotéricas, os princípios servem como um guia para o entendimento da natureza e da realidade, fornecendo um conjunto de ideias e conceitos que ajudam na compreensão da existência humana e do universo. São como uma lente pela qual os iniciados podem interpretar eventos, experiências e a própria vida. Frequentemente, descrevem um caminho ou processo para alcançar o despertar espiritual, a iluminação ou a união com o divino por meio de práticas, rituais e ensinamentos que auxiliam o iniciado a transcender as limitações materiais.

Assim como os princípios mundanos, servem como orientação ética e moral, uma vez que muitos sistemas esotéricos incluem princípios que orientam o comportamento de seus praticantes, como as noções de karma, a lei da causa e efeito, além de outros princípios que incentivam ações virtuosas e o desenvolvimento pessoal.

Os princípios da Rosa-Cruz baseiam-se nos ensinamentos herméticos, incluindo a Alquimia e a Cabala, para explorar os mistérios da vida e do universo. Acreditam na unidade fundamental de toda a existência, com o divino permeando toda a criação, e enfatizam o desenvolvimento espiritual e o aperfeiçoamento pessoal por meio do estudo, da meditação e da prática espiritual.

A Teosofia acredita na existência de uma Sabedoria Divina Universal, responsável pela origem de todas as religiões e filosofias. Semelhantemente ao Hinduísmo e ao Budismo, também preconiza a reencarnação, a lei do karma, e ressalta o desenvolvimento espiritual e o aperfeiçoamento pessoal mediante o estudo e a prática espiritual.

Em algumas tradições, há a figura do Princípio, que pode ser associado à divindade ou à energia cósmica, sendo a fonte primordial, a origem de toda a existência manifestada. Pode ser relacionado ao Todo ou à Mente Universal, sendo o Grande Arquiteto responsável por toda a criação, a fonte de todas as coisas e a causa primeira de toda existência.

## 1.4 Maçonaria

O Grande Oriente do Brasil, principal e mais antiga potência Maçônica brasileira, proclama a existência de um princípio criador, regulador, absoluto, supremo e infinito, o qual denomina o Grande Arquiteto do Universo. Tal reconhecimento deixa a cargo de cada um dos Obreiros suas considerações sobre a natureza do Mesmo, podendo ser Deus, YHWH, Alá, Buda, etc. Portanto, a Ordem preconiza que o Obreiro acredite em um ente supremo, não proibindo ou impondo aos seus membros nenhum dogma religioso.

Outros princípios fundamentais da Ordem foram inspirados no lema da Revolução Francesa:

1. **Liberdade:** É a condição daquele que é livre, que engloba o conceito de autodeterminação, de independência ou de autonomia, de ausência de submissão ou servidão, ou de livre-arbítrio. A Maçonaria prega a liberdade dos indivíduos e dos grupos humanos, sejam eles instituições, raças ou nações.
2. **Igualdade:** É a inexistência de desvios ou incongruências sob determinado ponto de vista entre dois ou mais elementos comparados, podendo ser eles objetos, indivíduos, ideias, conceitos ou quaisquer coisas que permitam que seja feita uma comparação. A Maçonaria defende a igualdade de direitos e obrigações de indivíduos e grupos, sem distinguir a religião, a raça ou a nacionalidade.
3. **Fraternidade:** É um conceito filosófico profundamente ligado às ideias de liberdade e igualdade, pois considera que o homem escolheu conscientemente viver em sociedade, estabelecendo uma relação de igualdade com seus pares. Tendo em vista que não há nada que diferencie um indivíduo do outro, eles devem ser considerados irmãos vivendo fraternalmente. A Maçonaria prega a fraternidade de toda a humanidade, uma vez que todos são filhos e filhas do G∴A∴D∴U∴, que deve não só estender para o indivíduo, mas também para todas as nações.

# 2. O Número Sete

O sete (7, em algarismo arábico, e VII, em algarismo romano) é o número natural que segue o seis e precede o oito. É o quarto número primo, precedendo o 11; também aparece em várias sequências matemáticas, como a dos números triangulares e a dos números quadrados. Na Geometria, o número sete está relacionado aos sete polígonos convexos regulares que podem ser construídos com um compasso e uma régua: o triângulo, o quadrado, o pentágono, o hexágono, o heptágono, o octógono e o decágono.

Considerado um número auspicioso, tem uma longa história de significados e simbolismos em diversas religiões e culturas ao redor do mundo. Sete são os dias da semana, as maravilhas do mundo antigo, as maravilhas do mundo moderno, o número de mares, as cores do arco-íris, as notas musicais, o número de continentes, etc.

## 2.1 Religiões

Na tradição judaica, o número sete é considerado sagrado e simbólico. Está presente em diversas partes do Antigo Testamento, como no descanso de Deus no sétimo dia após criar o universo; no estabelecimento do sábado (sétimo dia da semana) como dia de descanso para os judeus; a festa judaica da Páscoa (*Pessach*) dura sete dias. O número sete também está associado aos sete braços do *Menorá* do Templo de Jerusalém e aos sete dias do festival de *Sucot*.

O Cristianismo herdou muitos dos simbolismos associados ao número sete do Judaísmo. Além das referências ao sétimo dia como dia de descanso na criação, o número sete é significativo na Bíblia em diversas passagens, como a dos sete sacramentos na Igreja Católica, das sete igrejas mencionadas no Livro do Apocalipse, dos setes pecados capitais e das setes virtudes divinas, dos sete dons do Espírito Santo, dos sete sacramentos, das sete parábolas no Evangelho de Mateus e das sete declarações "eu sou" de Jesus no Evangelho de João.

Interessantemente, o número sete não é tão proeminente no Islamismo quanto nas religiões abraâmicas, mas ainda possui importância simbólica, como as sete voltas em torno da Caaba durante o Hajj, os sete céus e infernos na cosmologia islâmica. Alguns *hadiths* (tradições atribuídas ao Profeta Maomé) mencionam a importância do número sete em certos rituais e práticas espirituais.

No Hinduísmo, o número sete é considerado auspicioso e aparece em diversos contextos, como os sete *rishis* (sábios ancestrais) na mitologia hindu, os sete *chakras* principais do corpo humano, os sete instrumentos musicais nas representações da deusa Saraswati.

## 2.2 Esoterismo e Misticismo

No mundo esotérico e místico, o sete é frequentemente considerado um número sagrado e poderoso, associado a uma variedade de significados e simbolismos. É reiteradamente visto como um número que representa a busca espiritual e o desenvolvimento interior, sendo relacionado à ideia de sabedoria, iluminação e transcendência espiritual.

Na Alquimia, o número sete é significativo em muitos rituais e processos de transformação, como os sete metais alquímicos e os sete estágios do processo de alquimia, que representam a jornada de purificação e transmutação da matéria e da alma. Também é associado à ideia de totalidade, perfeição e iluminação espiritual, simbolizando a jornada do alquimista em direção à transformação pessoal, à integração dos opostos e à realização do Eu Superior.

Na Astrologia, o número sete está associado aos sete planetas clássicos da Antiguidade (Sol, Lua, Mercúrio, Vênus, Marte, Júpiter e Saturno), cada um deles com suas próprias qualidades, significados e influências astrológicas. Cada um desses corpos celestes também está diretamente relacionado com os dias da semana:

- Domingo – Sol;
- Segunda-feira – Lua;
- Terça-feira – Marte;
- Quarta-feira – Mercúrio;
- Quinta-feira – Júpiter;
- Sexta-feira – Vênus;
- Sábado – Saturno.

Ainda na Astrologia, um mapa astral é dividido em 12 casas, que representam diferentes áreas da vida de uma pessoa, sendo que as sete primeiras estão relacionados à identidade pessoal, ao autoconhecimento e à autoexpressão.

Na numerologia, o sete é considerado um número de grande importância, representando intuição, espiritualidade, introspecção e análise. Pessoas que têm o sete como número de destino ou como um número proeminente em sua vida, muitas vezes, são vistas como sábias e intuitivas.

Em algumas tradições esotéricas e sistemas de crenças, o corpo humano é considerado tendo sete *chakras* principais, ou centros de energia, cada um associado a uma cor e a aspectos específicos da consciência e da experiência humana.

O sete é frequentemente utilizado em práticas mágicas e rituais ocultos, sendo considerado um número de poder e proteção. Por exemplo, muitos feitiços e encantamentos são realizados em ciclos de sete dias. Algumas tradições mágicas consideram o sétimo dia de cada mês especialmente auspicioso.

## 2.3 Maçonaria

Na Maçonaria, o sete é considerado o número perfeito, altamente simbólico, e possui diversos significados associados à ritualística, à simbologia, a alegorias e ensinamentos da Ordem.

Sete é o número mínimo de Mestres para formar uma Loja Justa e Perfeita. No Rito Adonhiramita são: o Venerável Mestre, 1º e 2º Vigilantes, Secretário, Orador, Mestre de Cerimônias e Cobridor Interno; no REEA: Venerável Mestre, 1º e 2º Vigilantes, Secretário, Orador, Mestre de Cerimônias e Cobridor Interno; no Rito de York: o Venerável Mestre, 1º e 2º Vigilantes, Secretário, Tesoureiro e 1º e 2º Diáconos.

Também está associado às sete artes liberais, tradicionalmente ensinadas nas universidades medievais, usando metodologia de ensino cujo conceito foi herdado da Antiguidade clássica. Essas artes incluíam o *Trivium* (lógica, gramática, retórica) e o *Quadrivium* (aritmética, música, geometria, astronomia). Elas representam a busca pelo aprendizado e pela sabedoria, necessários à evolução pessoal e espiritual do Companheiro, que deve dominar essas artes para ascender ao Grau de Mestre.

No simbolismo iniciático, o número três é relativo à idade do Aprendiz, o cinco à idade do Companheiro e o sete à idade do Mestre. Na

Abóbada Celeste, esta simbologia também é representada pelas constelações: o Cinturão de Órion, com três estrelas, representa os Aprendizes; as Híades, com cinco estrelas, os Companheiros; e as Plêiades, com sete estrelas, os Mestres.

Na Maçonaria Operativa, provavelmente, sete anos era o tempo necessário para que o artífice da construção aprendesse e dominasse todos os fundamentos da Arte Real da construção de castelos, templos e igrejas. Era um marco importante, pois adquiria o direito de se locomover livremente entre cidades e países, contratar obras, instruir e iniciar novos membros para a Guilda.

Esse intervalo de tempo foi mantido na Maçonaria Especulativa, a qualprovavelmente associou a idade do Mestre com o tempo do *shabat*, que, na cultura hebraica, é um símbolo numérico relacionado à criação, à conclusão e ao resultado. Assim, é o tempo que o Obreiro leva para aprender os princípios e as ritualísticas da Ordem.

# 3. Os Sete Princípios Herméticos

Os Sete Princípios Herméticos foram apresentados pelo *Caibalion* como um conjunto de ideias fundamentais contidas nos ensinamentos do *Corpus Hermeticum* e de *A* Tábua de Esmeralda de Hermes Trismegisto.

De acordo com a tradição hermética, são as leis universais que regem todos os planos de manifestação, desde o microcosmo até o macrocosmo. Sua correta compreensão permite a abertura das portas universais, essencial para a evolução pessoal e espiritual. Os mestres hermetistas podem alterar o mundo e as pessoas ao seu redor aplicando esses sete princípios, podendo inclusive usar um princípio para alterar os fundamentos de outro.

Todos e tudo estão sujeitos a essas leis. Por isso, não se deve confundi-las com as leis dos homens, que podem ser criadas, alteradas e até mesmo burladas de acordo com a conveniência dos que estão no poder.

De acordo com *O Caibalion*, estes são os Sete Princípios em que se baseia a filosofia hermética:

1. **O Princípio de Mentalismo:** Sustenta que a Mente é a raiz de toda a existência e que o universo é fundamentalmente mental. Enfatiza o papel da consciência na criação e na interpretação da realidade, destacando a importância do pensamento e da percepção.
2. **O Princípio de Correspondência:** Postula que existe uma correspondência entre os diferentes planos de manifestação, que conecta o macrocosmo (o universo como um todo) com o microcosmo (o indivíduo). Sugere que as mesmas leis que agem em um nível também atuam de maneira similar em todos os demais níveis, estabelecendo uma ligação entre os Planos Material, Mental e Espiritual.
3. **O Princípio de Vibração:** Afirma que tudo no universo está em constante movimento e vibrando em diferentes frequências. Ressalta a natureza dinâmica e mutável da realidade, e destaca que a diferença entre as formas de matéria, energia e consciência resulta de suas distintas frequências de vibração.
4. **O Princípio de Polaridade:** Indica que tudo possui dois polos, dois aspectos opostos e em extremos diferentes, mas que têm a mesma natureza. Como diferem apenas na variação de seus graus, esses opostos são interdependentes, podendo seguir de um polo a outro.
5. **O Princípio de Ritmo:** Enfatiza a presença de padrões rítmicos ou cíclicos na natureza e no universo. Sugere que tudo flui para dentro e para fora, seguindo padrões de crescimento e declínio, e que a compreensão desses ritmos é crucial para um entendimento mais profundo dos ciclos da vida e do universo.
6. **O Princípio de Causa e Efeito:** Afirma que todo efeito tem uma causa e toda causa tem um efeito. Destaca a interconexão de todos os fenômenos no universo, ressaltando a importância de entender as relações de causa e efeito na busca por sabedoria e compreensão.

7. **O Princípio de Gênero:** Sugere que o gênero está presente em tudo, manifestando-se nos princípios masculino e feminino, e que essa dualidade está presente em todas as coisas, desde o Plano Material, passando pelo Plano Mental e chegando até o Plano Espiritual. Destaca que toda a criação depende da dinâmica e da interação dessa dualidade em todos os níveis da existência.

Esses princípios estão em ação constante, a todo momento e nos diferentes planos de existência, pois são a manifestação da Única Grande Lei, que nada mais é que o Todo, o Grande Arquiteto do Universo.

Todos os seres sencientes, animais ou o homem, compreendem essas leis e princípios de acordo com suas limitações. Quanto maior a compreensão, maior é a harmonia com o universo e menor será a resistência durante a jornada.

Esses princípios são interconectados e interdependentes, formando um sistema coeso que aborda a natureza da realidade e a experiência humana. Dentro da tradição hermética, todos são considerados igualmente importantes; no entanto, o Princípio de Mentalismo é frequentemente destacado como fundamental e central. A Mente Universal é vista como a fonte de todas as coisas, e os demais princípios descrevem as leis e os processos pelos quais essa criação se manifesta nos diferentes planos da existência.

Ao reconhecer a influência da mente na realidade, os praticantes herméticos podem utilizar conscientemente a mente para moldar suas experiências e buscar um desenvolvimento espiritual mais elevado. Com o mentalismo, podem-se aplicar as leis universais e usar esse princípio para influenciar outro em prol da humanidade, uma vez que a vontade superior prevalece sobre a inferior.

Interessantemente, ao atingir um nível maior de compreensão e dominar todos os sete princípios, o iniciado deve voltar ao início e recomeçar sua jornada infinita de aperfeiçoamento. Embora os princípios sejam imutáveis, a percepção do indivíduo muda à medida que evolui pessoal e espiritualmente. A cada nova jornada, nesta espiral de conhecimento, novas abordagens são propostas e velhos paradigmas são abandonados.

# 4. Conclusões

Partindo do entendimento de que esses princípios são leis universais, atuando em todos os planos de manifestação, e de que a Maçonaria está inserida nessa realidade, a Ordem e seus Obreiros também estão sob sua influência dos Sete Princípios Herméticos.

Da mesma forma que o mestre hermético usa a compreensão dos princípios para sua evolução pessoal e espiritual, bem como para melhorar o mundo ao seu redor, o Obreiro deve utilizá-los igualmente para sua própria evolução e a de todos que o rodeiam.

Esses princípios podem ser aplicados em tarefas no Plano Material, como a organização e a manutenção dos instrumentais ritualísticos da Loja e do Templo; bem como nos Planos Mental e Espiritual, estimulando as boas energias emanadas de todos, elevando cada vez mais a harmonia e a concórdia entre os Obreiros.

# Capítulo 2

# A FILOSOFIA HERMÉTICA

*"Oh, não deixeis que se apague a chama!*
*Mantida de século em século,*
*nesta escura caverna, neste templo sagrado,*
*sustentada por puros ministros do Amor...*
*Não deixeis apagar esta divina chama!"*
(Edward Carpenter)

## 1. Introdução

O Hermetismo é um sistema filosófico e religioso baseado nos ensinamentos de Hermes Trismegisto, um personagem lendário, sábio e mestre em Filosofia, Alquimia e Astrologia que viveu no antigo Egito. Esses ensinamentos estão contidos em escritos conhecidos como *Hermética*, uma série amplamente diversificada de pseudoepígrafas que combinavam o conhecimento dos Planos Material, Mental e Espiritual, e estabeleceram a base de vários sistemas filosóficos que buscavam a integração e a conexão entre o material e o divino.

De acordo com o *Dicionário Online de Português*, a palavra "hermético" é um adjetivo que significa: "inteiramente tapado, de maneira a impedir a passagem de ar, selado, lacrado"; "de difícil compreensão, que tende a ser obscuro ou pouco claro, enigmático"; "que se pode referir à Alquimia ou ao Deus grego Hermes". Esse termo tem origem etimológica do grego *hermetikós* e do latim *hermeticus*, ambos derivados de Hermes Trismegisto, representando a ideia de ensinamentos secretos e ocultos ministrados a alguns poucos iniciados.

# 2. Hermes Trismegisto

Hermes Trismegisto (que significa "Hermes, o três vezes grande") foi um legislador e filósofo que viveu na região de Ninus, no Egito antigo, provavelmente entre 1500 a 2500 a.C., sendo contemporâneo de Abraão, muito antes dos tempos de Moisés. É considerado o pai da Ciência Oculta, fundador da Astrologia e descobridor da Alquimia. Viveu até os 300 anos de idade e, ao partir deste plano de existência, os egípcios o deificaram como Thoth, o deus do conhecimento, da sabedoria, da escrita, da música e da magia. Posteriormente, os gregos antigos fizeram o mesmo, renomeando-o como Hermes, um dos deuses do Olimpo, mensageiro dos deuses e guia das almas dos mortos para o reino de Hades.

Estudos modernos mostraram que, pela diversidade de termas abordados pelos textos herméticos, é pouco provável que foram escritos por um único autor, uma vez que representam a sabedoria acumulada pelos egípcios desde a Antiguidade. Alguns historiadores acreditam que os textos são obras de diversos sábios e filósofos que tiveram a honra de herdar o nome de Hermes Trismegisto nas Escolas de Mistérios do Egito Antigo.

Outra teoria sugere que alguns teólogos e filósofos pagãos, durante os séculos I e III d.C., em contraposição ao Cristianismo crescente, produziram uma série de manuscritos sob o nome de Hermes Trismegisto para tentar se opor às Escrituras Sagradas, tratando-se de uma das últimas tentativas de resgate do paganismo, fundamentadas na filosofia platônica.

Muitos autores consideram que Hermes Trismegisto se originou como uma combinação sincrética do deus egípcio Thoth e do deus grego Hermes. Os gregos no Reino Ptolomaico do Egito reconheceram a equivalência de Hermes e Thoth, tanto que ambos eram adorados como um só no Templo de Thoth, localizado em Khemenu, uma importante cidade conhecida no período helenístico como Hermópolis, situada perto da fronteira entre o Baixo e o Alto Egito.

## 2.1 Thoth

Na mitologia egípcia, Thoth é o deus da Lua, da sabedoria, do conhecimento, da escrita, dos hieróglifos, da ciência, da magia, da arte e do julgamento. Os antigos egípcios o consideravam como Um, o primordial que foi autogerado e autoproduzido. Era casado com Ma'at, deusa da verdade, do equilíbrio, da ordem, da harmonia, da lei, da moralidade e da justiça, com quem teve uma filha, Seshat, deusa da escrita, da sabedoria e do conhecimento.

Os egípcios e os gregos antigos atribuíram a Thoth a autoria de todas as obras de todos os ramos do conhecimento, seja humano, seja divino. Para os egípcios, era o autor das obras de Ciência, Religião, Filosofia e Magia. Posteriormente, os gregos adicionaram à lista astronomia, astrologia, ciência dos números, matemática, geometria, topografia, medicina, botânica, teologia, governo civilizado, alfabeto, leitura, escrita e oratória.

Essa divindade é frequentemente representada com características que simbolizam sua natureza como deus da sabedoria, da escrita, da magia e do equilíbrio cósmico. A cabeça de íbis, espécie de pássaro relacionada à região do Nilo, é estilizada e apresenta um bico curvado, representando sua associação com a sabedoria e a escrita. Sobre sua cabeça está o disco lunar, simbolizando sua conexão com o tempo e o ciclo da Lua. Pode ser representado segurando um caduceu egípcio, um cetro com duas serpentes entrelaçadas, um símbolo de autoridade que indica sua influência na cura e no equilíbrio. Em outras representações, aparece portando a balança usada no julgamento dos mortos no submundo, destacando seu papel como árbitro na vida após a morte e seu compromisso com a ordem cósmica. Como é considerado o escriba divino que registrava os eventos no reino dos deuses, também é representado segurando uma paleta de escriba e um rolo de papiro, mostrando sua associação à escrita, à literatura e à magia.

Como escriba divino, era o secretário e conselheiro de Rá, e, juntamente à sua esposa Ma'at, acompanhava o deus do Sol em sua viagem noturna pelo céu. No submundo, Thoth auxiliava Anúbis (deus dos mortos e moribundos, que guiava e conduzia as almas ao mundo dos mortos) registrando os resultados do julgamento dos mortos, pesando seus corações contra a pena da verdade na balança de Ma'at. Se o coração tivesse o peso da pena, era permitida a passagem para o pós-vida; caso fosse mais pesado, a alma era devorada por Ammit, deusa representada como uma quimera de crocodilo, leão e hipopótamo.

## 2.2 Hermes

Hermes foi uma importante divindade na mitologia grega, sendo um dos 12 deuses olímpicos e conhecido por sua versatilidade, desempenhando papéis diversos. De acordo com as lendas, nasceu no Monte Cilene, na Arcádia, e era filho de Zeus e Maia, uma das Plêiades.

Conhecido por desempenhar papéis diversos, é comumente associado a várias esferas da vida, como deus da fertilidade, dos rebanhos, da magia, da divinação, das estradas e das viagens. Também era o mensageiro dos deuses e patrono da ginástica, dos ladrões, dos diplomatas, dos comerciantes, da astronomia, da eloquência e de algumas formas de iniciação.

É frequentemente representado como um deus jovem e alegre, com traços faciais suaves e uma expressão viva. Suas vestes – um manto e uma túnica – eram trajes comuns para os deuses na mitologia grega e indicavam sua posição divina no Panteão. Em sua cabeça, usava o pétaso, um chapéu de aba larga muito típico dos antigos viajantes gregos; as asas no chapéu simbolizavam sua natureza veloz e a capacidade de viajar rapidamente entre os domínios divinos e mortais. As sandálias de Hermes também eram frequentemente representadas como aladas, destacando sua agilidade e velocidade, características essenciais para um mensageiro dos deuses. Em suas mãos, empunhava o caduceu, um cetro com duas serpentes entrelaçadas, símbolo emblemático da medicina e do comércio. Usado pelo deus, tinha o poder de trazer paz e resolver disputas. Em outras representações, carregava uma mensagem, desempenhando seu papel de mensageiro.

Suas lendárias velocidade e agilidade o tornaram o mensageiro dos deuses, responsável por transmitir as mensagens entre os deuses do Olimpo e os mortais. Como deus do comércio, dos mercadores e dos negociantes, era o protetor dos viajantes que estavam envolvidos em atividades comerciais. Também era associado à proteção dos rebanhos e dos pastores, com reputação de ser um protetor vigilante do gado e um guia para os pastores. Hermes era ainda considerado um deus da música e da lírica, sendo-lhe creditada a invenção da lira. Igualmente, cabia ao deus conduzir e guiar as almas dos mortos ao submundo, auxiliando em sua travessia para o reino dos mortos.

Sob influência egípcia, sofreu um sincretismo com o deus egípcio Thoth, transformando-se no personagem lendário Hermes Trismegisto.

## 2.3 Legado

Acredita-se que Hermes Trismegisto teria escrito cerca de 36 livros sobre Teologia e Filosofia, além de seis sobre Medicina. No entanto, todos foram perdidos ou destruídos após as invasões ao Egito, restando apenas fragmentos e citações de seus manuscritos. Os escritos mais importantes atribuídos a ele são *A* Tábua de Esmeralda e os textos do *Corpus Hermeticum*. Provavelmente, esses ensinamentos serviram de base e inspiração para diversos pensadores da Antiguidade, como Sócrates, Platão e Aristóteles.

O Hermetismo exerceu uma influência significativa na Alquimia Medieval, desempenhando um papel central na formação filosófica e na prática dos alquimistas. Essa tradição combinava elementos místicos e práticos na busca da Pedra Filosofal, que poderia ser usada para transmutar metais básicos, como mercúrio e chumbo, em ouro; e produzir o elixir da longa vida – a panaceia universal –, capaz de curar todas as doenças, prolongando a existência indefinidamente.

Muitos escritores cristãos da Antiguidade, como Lactâncio, Agostinho de Hipona, Marsílio Ficino, Campanella, Giovanni Pico della

Mirandola e Giordano Bruno, consideravam Hermes Trismegisto um sábio e profeta pagão que previu a vinda do Cristianismo. De acordo com a teoria da *prisca theologia*, que prega uma teologia única e verdadeira que permeia todas as religiões, essa sabedoria foi enviada por Deus a determinados indivíduos, como Zoroastro, Platão e Hermes Trismegisto.

Sua influência na Renascença foi significativa, e desempenhou um papel crucial no desenvolvimento intelectual e cultural de diversos estudiosos de época. Muitos textos herméticos foram redescobertos em Constantinopla e traduzidos para o latim, despertando o interesse e influenciando vários alquimistas, filósofos, pensadores, religiosos, esotéricos e artistas (principalmente na literatura, na música e na pintura). Entre os principais nomes influenciados pelo Hermetismo, destacam-se Basile Valentin, Marsílio Ficino, Heinrich Cornelius Agrippa, Paracelso, John Dee, Robert Boyle e Elias Ashmole.

# 3. Hermetismo

O Hermetismo, ou Hermeticismo, é um sistema filosófico relacionado ao ocultismo e à magia que se baseia principalmente nos ensinamentos de Hermes Trismegisto. Essa tradição milenar influenciou profundamente o desenvolvimento das tradições esotéricas e místicas, como a Alquimia, a Astrologia e a Magia. Também influenciou diversas correntes filosóficas ocidentais, como o Renascentismo e Iluminismo, perdurando até os dias atuais na tradição esotérica moderna.

Os estudos herméticos focam a compreensão da natureza do universo, da consciência e da espiritualidade. Com grandes associações com a Alquimia e a Astrologia, refletem uma visão holística e espiritualizada da realidade, enfatizando a importância da consciência, da dualidade e da interconexão universal.

## 3.1 Alquimia

Muito provavelmente, o Hermetismo, com seus princípios e práticas milenares, influenciou o desenvolvimento da Alquimia Medieval, cujo objetivo é a busca pela Pedra Filosofal, capaz de transformar metais inferiores em ouro e produzir o Elixir da Longa Vida.

Os processos e as práticas de ambas as filosofias também contêm paralelos interessantes. Os trabalhos herméticos podem ser aplicados tanto no Plano Mental, por meio da meditação e do estudo, quanto no Plano Material, por intermédio de rituais e invocações. As reações alquímicas são realizadas no laboratório, local de experimentação física. No entanto, este serve como simbolismo para o espaço interior, no qual ocorre a transformação espiritual.

A alquimia purifica as substâncias inferiores e impuras em materiais refinados e valiosos. Da mesma maneira, o iniciado deve procurar a purificação física e espiritual para atingir a perfeição interior.

Os iniciados no Hermetismo devem enfatizar a evolução mediante processos simbólicos de transmutação pessoal e espiritual, purificando a alma e o espírito. Assim, o homem de chumbo, tosco e ignorante, deve ser transmutado em um homem de ouro, refinado e sábio.

Além da iluminação espiritual obtida pela transmutação da consciência humana, os iniciados devem realizar práticas e rituais simbólicos para aprender a transmitir esses ensinamentos esotéricos e ocultos aos merecedores, pessoas de espírito livre e virtuoso.

Resumindo, o Hermetismo e a Alquimia estão profundamente interligados, compartilhando uma visão esotérica e filosófica do ser humano e do universo. Ambos possuem linguagem simbólica rica e estimulam a prática da transmutação, enfatizando a transformação interior e a busca pelo conhecimento oculto.

## 3.2 Astrologia

Da mesma forma que a Alquimia, a Astrologia e o Hermetismo possuem intrínsecas conexões, desempenhando importante papel na compreensão de como os ciclos cósmicos e os movimentos celestes podem influenciar a vida na Terra, a jornada espiritual e a evolução da consciência das pessoas.

A associação do Hermetismo com a Astrologia destaca sua profunda interconexão por meio de princípios filosóficos, simbologia e práticas esotéricas. Ambos compartilham a crença em um universo interconectado, no qual os eventos celestiais e terrestres estão em constante correspondência. A astrologia hermética aplica os princípios herméticos para entender e interpretar a influência dos corpos celestes sobre a vida humana, servindo como uma ferramenta poderosa para o autoconhecimento e a transformação espiritual.

Tanto o Hermetismo quanto a Astrologia aplicam o Princípio de Correspondência, enfatizando a interconexão entre os diferentes planos de manifestação e a influência dos corpos celestes nos eventos terrestres. Enquanto o Hermetismo ressalta a correspondência entre o macrocosmo e o microcosmo, a astrologia destaca a influência dos corpos celestes nos destinos e nas personalidades humanas.

De acordo com o Princípio de Mentalismo, o universo é mental, uma manifestação da mente do Todo. Correlacionando esse conceito na Astrologia, sugere que os planetas e as estrelas não apenas influenciam os eventos, mas também refletem estados de consciência.

Ambas as tradições utilizam símbolos e arquétipos para transmitir conceitos complexos sobre a natureza do universo e da consciência humana. Enquanto a Astrologia usa símbolos planetários e zodiacais para representar qualidades e influências específicas, o Hermetismo emprega símbolos para transmitir ensinamentos esotéricos e ocultos sobre a natureza da realidade. Esta abordagem simbólica da interpretação de eventos e fenômenos correlaciona os acontecimentos como portadores de significados mais profundos, e procura interpretar os eventos a partir de uma lente espiritual e cósmica.

O Princípio de Ritmo preconiza que tudo flui, entra e sai, sobe e desce, manifestando-se em ciclos, da mesma forma que os ciclos planetários e cósmicos, como os retornos de Saturno ou os trânsitos de Júpiter. Esses eventos podem ser estudados para compreender os padrões de crescimento e mudança na vida humana.

A busca pela Sabedoria Espiritual também é um objetivo em comum. A compreensão dos mistérios do universo é incentivada por meio da exploração da natureza existencial e do papel do indivíduo no cosmos. É uma importante ferramenta para o autoconhecimento, permitindo o entendimento de tendências, desafios e potenciais a partir da análise do mapa astral.

# 4. Princípios Doutrinários

De maneira geral, o Hermetismo possui alguns princípios doutrinários que regem e fundamentam toda a linha filosófica e esotérica, servindo de base orientadora para sua correta interpretação e aplicação. Dentre os principais, estão o pensamento simbólico, o homem como símbolo emblemático do mundo (relação microcosmo-macrocosmo), a *Anima Mundi*, a teoria das correspondências entre os níveis, a complementaridade dos opostos, a meditação como uma técnica para ascender a mente individual e a vida como transmutação pessoal.

## 4.1 O pensamento Simbólico

O pensamento simbólico não é apenas uma forma de comunicação empregada pelos iniciados, mas também um meio de acessar a realidade espiritual subjacente. Os símbolos são portadores de significados mais profundos que vão além do sentido literal, permitindo uma compreensão mais rica e holística do universo e do seu "eu" interior.

A filosofia hermética muitas vezes utiliza essa linguagem simbólica e codificada para transmitir seus ensinamentos, frequentemente incorporando alegorias e metáforas que requerem interpretação intuitiva e espiritual.

Na Alquimia, os variados símbolos representam elementos, processos e estados de transformação, sendo amplamente utilizados para expressar conceitos mais profundos relacionados à transmutação espiritual e material.

Na Astrologia, a simbologia, como os signos do zodíaco, planetas e outros elementos cósmicos, é aplicada para interpretar e entender a personalidade, o destino e a relação do indivíduo com o cosmos.

Os arquétipos nada mais são que padrões simbólicos universais que transcendem o tempo e o espaço, tornando-se figuras-chave na compreensão das verdades mais profundas da mente e da alma do ser humano.

Na Geometria Sagrada, algumas formas geométricas específicas possuem significados simbólicos profundos, como a Flor da Vida e o Cubo de Metatron, muito utilizados para representar aspectos da criação e da ordem cósmica.

## 4.2 O Homem como Símbolo Emblemático do Mundo

Na filosofia hermética, o homem é um símbolo emblemático do mundo e representa a ideia de que o ser humano é um microcosmo que reflete o macrocosmo, estando intrinsecamente interligados. Essa concepção está alinhada com o Princípio de Correspondência, segundo o qual o homem é visto como um reflexo simbólico do universo.

Dentro desse conceito, o homem é concebido como um universo em miniatura, sujeito às mesmas leis, aos padrões e aos princípios que governam o cosmos. Essa correspondência implica que as experiências e os processos aplicados ao homem possuem paralelos simbólicos em eventos cósmicos.

Para alcançar a iluminação, o homem deve seguir uma jornada espiritual para as profundezas do "eu" interior, com o objetivo de descobrir e compreender os mistérios do universo. Desse modo, o homem, como símbolo emblemático, é considerado o ponto focal da consciência e da vontade no universo, sendo o encarregado de explorar, compreender e transcender as limitações do plano material, buscando a unidade espiritual.

Da mesma forma que a Alquimia Medieval buscava transformar metais inferiores em ouro, o iniciado hermetista deve procurar sua transmutação espiritual, alterando aspectos menos refinados de si mesmo para condições espirituais mais elevadas. Assim, transmuta o homem ignorante e bruto de chumbo em um homem sábio e refinado de ouro.

## 4.3 *Anima Mundi*

A *Anima Mundi* (expressão em latim que significa "Alma do Mundo") refere-se à ideia de uma alma ou espírito do mundo que vitaliza todo o universo. É percebida como uma essência divina que permeia todas as coisas, desde os elementos naturais inanimados até os seres humanos. Esta entidade conecta toda a criação, unindo o terreno, o cósmico e o divino.

Possui influência direta na natureza e em seus ciclos, pois está alinhada com a percepção de que a natureza é viva e expressa aspectos da divindade, que é a responsável pelos processos naturais e da harmonia do mundo.

Intrinsecamente ligada ao Princípio de Correspondência, esse conceito mostra que a *Anima Mundi* é a energia que flui por todos os corpos celestes e estruturas cósmicas. Assim, as leis e as energias que regem o microcosmo de um indivíduo são as mesmas que regem todo o universo.

Aprofundando ainda mais essa concepção, os estudiosos herméticos não consideram a *Anima Mundi* apenas uma força vital, mas também uma inteligência e consciência cósmica. É vista como uma manifestação mental do Todo, fonte primordial da sabedoria que organiza e guia o desenvolvimento do universo. Reconhecer essa existência promove a harmonização e a conexão espiritual com a totalidade do universo, sincronizando a alma humana com a alma universal, alcançando um estado de equilíbrio, essencial para a evolução pessoal e espiritual.

Essa visão da *Anima Mundi* contribui para uma compreensão holística da existência e influencia as práticas herméticas, incluindo a Alquimia e a busca pela iluminação espiritual. Assim como os demais conceitos herméticos, é frequentemente expressada por meio de símbolos e arquétipos, que possibilitam o contato com conceitos espirituais complexos e transcendentes de maneira acessível.

## 4.4 A Teoria das Correspondências entre os Níveis

A teoria das correspondências na filosofia hermética refere-se à ideia de que existem relações simbólicas e correspondências entre os diferentes níveis ou planos da existência. Essa concepção está profundamente enraizada no Princípio de Correspondência, que estabelece uma correlação entre o microcosmo (o indivíduo) e o macrocosmo (o universo), auxiliando na compreensão de como diferentes aspectos da realidade estão interconectados e refletem uns nos outros, nos diferentes planos de manifestação.

O princípio fundamental dessa teoria preconiza que o que é verdadeiro em uma escala cósmica é refletido em uma escala individual, e vice-versa. Assim, os padrões celestiais, como a posição e os movimentos dos astros, são considerados correspondências simbólicas nos eventos terrenos e nas experiências humanas. Os signos do zodíaco e os planetas são interpretados como arquétipos que influenciam esses diferentes aspectos da vida.

Os planos de manifestação Físico, Mental e Espiritual também estão interligados por esses padrões simbólicos. Leis, princípios e ações, em cada um desses níveis, exercem influência e se refletem nos demais.

Na alquimia hermética, a teoria das correspondências é aplicada ao processo de transmutação espiritual e material. Elementos alquímicos, como o enxofre, o mercúrio e o sal, são vistos como símbolos que representam princípios espirituais e processos de transformação.

De maneira geral, essa teoria é uma abordagem holística que busca reconhecer e compreender a interconexão entre todos os aspectos da existência, essenciais na sua jornada espiritual em busca da evolução.

## 4.5 A Complementaridade dos Opostos

A complementaridade dos opostos preconiza que opostos aparentes são complementares e interdependentes. Essa teoria está intimamente relacionada com o Princípio de Polaridade, que sugere que tudo possui seu oposto e que esses opostos são, na verdade, manifestações complementares de uma mesma realidade.

O principal objetivo da complementaridade é o estado de equilíbrio e harmonia. Os opostos não devem ser vistos como forças em conflito, mas como aspectos complementares que devem interagir e se compreender para a manutenção do equilíbrio cósmico. A filosofia hermética muitas vezes argumenta que a dualidade é uma ilusão, pois a verdadeira natureza da realidade transcende a dicotomia aparente entre os opostos.

Na Alquimia, a transmutação é comumente associada à unificação dos opostos. A busca pela Pedra Filosofal, que simboliza a transmutação espiritual e material, envolve a integração de opostos como uma parte essencial do processo alquímico.

Na busca hermética por elevação espiritual, os iniciados buscam equilibrar os aspectos internos e externos de si mesmos, como a integração de qualidades opostas dentro de sua psique, por exemplo, alegria e tristeza, amor e indiferença, razão e emoção.

Desse modo, a complementaridade dos opostos não apenas aborda a natureza aparentemente contraditória do mundo, mas também oferece uma abordagem para a transformação pessoal e espiritual.

## 4.6 A Meditação como uma Técnica para Ascender a Mente Individual

Na filosofia hermética, a meditação é frequentemente considerada uma prática fundamental para ascender a mente individual e se unir à Grande Mente, também conhecida como Mente Cósmica ou *Anima Mundi*, fonte de sabedoria, conhecimento e compreensão. Dessa maneira, essa elevação espiritual busca transcender a limitação da mente individual para alcançar um entendimento mais profundo e conectado com a totalidade do universo.

A prática da meditação frequentemente envolve o silêncio interior e a reflexão profunda. Ao acalmar a mente e entrar em um estado meditativo, os praticantes procuram transcender a agitação da mente e acessar níveis mais elevados de consciência. Nesse estado, buscam unificar os opostos dentro de si, integrando aspectos dualísticos da psique para alcançar um estado de equilíbrio.

Constantemente associada à transmutação alquímica, a meditação ajuda os praticantes a transformar a consciência individual, elevando-a a estados mais elevados de entendimento e sabedoria.

A meditação na filosofia hermética, portanto, não é apenas uma técnica de relaxamento ou concentração, mas sobretudo uma prática espiritual profunda que visa à expansão da consciência, à busca pela iluminação espiritual e pela comunhão com a *Anima Mundi*, para desvendar os segredos do universo e alcançar um estado de união com a totalidade.

## 4.7 A Vida como Transmutação Pessoal

Na filosofia hermética, a vida é frequentemente vista como um processo contínuo de transmutação pessoal, refletindo os preceitos da alquimia de transmutação, na qual o iniciado segue em jornada de crescimento e evolução para atingir um estado mais elevado.

Na Alquimia, a Pedra Filosofal é vista como catalisadora dessas transmutações, transformando uma substância básica em ouro, o que, na verdade, é um símbolo alegórico representando a transformação espiritual por meio da busca por verdade, sabedoria e realização.

Como mencionado anteriormente, essa transmutação pessoal envolve a integração e a compreensão dos opostos, promovendo o equilíbrio das diversas dualidades internas, aspecto essencial para a transmutação. Não há a possibilidade de evolução espiritual em uma mente em conflitos.

É importante ressaltar que essa transmutação deve ocorrer em todos os planos de manifestação: Material, Mental e Espiritual. O iniciado deve trabalhar para transformar um corpo frágil e adoecido em um corpo forte e saudável; uma mente fraca e manipulável em uma mente forte e resiliente; um espírito ignorante e bruto em um espírito sábio e refinado. Ao transcender em todos os planos, conquista uma vida mais plena e significativa.

A vida é um ciclo constante de nascimento, crescimento, morte e renascimento, refletindo o Princípio de Ritmo, que preconiza os movimentos cíclicos tanto no microcosmo quanto no macrocosmo. Em cada um desses ciclos, desafios, derrotas, vitórias, perdas e ganhos devem ser considerados importantes experiências, oportunidades para renovação e crescimento, essenciais para a transformação pessoal.

Os hermetistas acreditam que a transmutação pessoal não é apenas uma jornada individual, mas também uma cooperação consciente com o processo divino, pois ao alinhar a vontade pessoal com a vontade divina, os indivíduos participam ativamente de sua própria evolução espiritual.

Assim, a vida como transmutação pessoal é uma jornada de autoconhecimento e elevação espiritual. É a busca constante pela realização do potencial interior e pela compreensão mais profunda da natureza divina da existência.

# 5. Conceitos Herméticos

Além dos princípios doutrinários, o Hermetismo possui diversos conceitos recorrentes em seus textos e ensinamentos. Esses conceitos são abstratos e podem variar conforme o contexto, sendo aplicados para descrever, explicar e entender fenômenos universais. A seguir, estão dispostos alguns dos principais conceitos herméticos que formam a base dos ensinamentos e dos princípios dessa tradição filosófica.

## 5.1 A Tríade Hermética: Deus, Cosmos e Homem

A tríade hermética de Deus, Cosmos e Homem é um conceito central na filosofia hermética, refletindo a visão interconectada e hierárquica da realidade, em que cada um desses elementos desempenha um papel fundamental na estrutura universal.

Deus é frequentemente referido como o Todo ou a Mente Universal, sendo o Grande Arquiteto, o princípio absoluto e transcendental que está além de toda a criação, a fonte de todas as coisas e a causa primeira de toda existência.

O Cosmos, ou Universo, é a manifestação da mente do Todo. Tudo está em constante movimento e transformação, refletindo a mente e a vontade do Todo, sendo um reflexo da divindade, organizado de acordo com as leis e os princípios herméticos.

O Homem é visto como o microcosmo, ou pequeno universo, que reflete o macrocosmo. Essa correspondência significa que, ao compreender a si mesmo, o homem pode compreender o universo, e vice-versa. Além disso, é dotado da centelha divina, que o conecta ao Todo, sendo a chave para a iluminação e o despertar espiritual.

## 5.2 Teologia Hermética: Deus

O conceito do Todo transcende a noção tradicional de um deus pessoal e antropomórfico, como na maioria das religiões. De acordo com *O Caibalion*, o Todo é envolto nas brumas do mistério, sendo incognoscível, infinito e imutável.

O todo está em tudo, ou seja, é tanto indissociável quanto transcendente, permeando toda a sua criação, desde o microcosmo até o macrocosmo. Ao possuir essa centelha do Todo dentro de si, o iniciado deve sempre buscar o conhecimento e a realização espiritual, aplicando-os para compreender a natureza do universo e se unir com a essência divina.

## 5.3 A Mônada

De acordo com o *Dicionário Online de Português*, a palavra "mônada" é um substantivo feminino, que, no sistema de Leibniz, significa: "substância simples, ativa, indivisível, de que todos os entes são formados".

No contexto de várias tradições filosóficas e esotéricas, a mônada se refere a uma unidade fundamental e indivisível da realidade. Frequentemente associada ao Todo, é a fonte de toda a criação e a essência fundamental que está presente em tudo.

Uma de suas características essenciais é a indivisibilidade. Diferentemente das entidades compostas, que podem ser divididas em partes menores, a mônada é uma unidade completa e indivisível, representando a simplicidade absoluta e a perfeição.

Na filosofia hermética, pode ser relacionada à ideia de que dentro de todos há uma centelha divina, considerada a presença do Todo em cada um. Assim, todos possuem dentro de si uma unidade fundamental, que é parte da essência divina.

## 5.4 A Gênese Hermética

Este conceito refere-se à criação do Universo pelo Todo. O processo de criação universal pode ser descrito como uma emanação do Todo de forma ordenada e gradativa.

A primeira emanação do Todo é a Mente Divina, ou *Noûs*, a inteligência cósmica que contém os arquétipos de todas as coisas, a fonte de ideias e formas que se manifestarão no universo.

Em seguida, a Mente Universal dá origem ao *Logos*, que pode ser entendido como a Palavra ou Razão Divina, sendo o princípio ordenador que dá estrutura e forma às ideias da Mente, tornando-as inteligíveis e manifestas. Esse conceito pode ser observado na Bíblia Sagrada, em João 1:1-4, em que Deus usou a Palavra para criar o universo:

> *No princípio era o Verbo, e o Verbo estava com Deus, e o Verbo era Deus. Ele estava no princípio com Deus. Todas as coisas foram feitas por ele, e sem ele nada do que foi feito se fez. Nele estava a vida, e a vida era a luz dos homens.*
>
> (*Bíblia Sagrada*, João 1:1-4)

O próximo nível de emanação é a *Anima Mundi*, que vitaliza o universo, sendo a força vital que permeia toda a criação, desde seres inanimados até os seres vivos, dos mais simples aos mais complexos.

Finalmente, a matéria surge como a manifestação mais distante do Todo, com o menor estado vibracional, é a substância física que compõe o universo visível.

## 5.5 Eternidade (*Aion*)

Este conceito refere-se a um aspecto específico do tempo e da existência que transcende a experiência temporal comum. A palavra *Aion* tem origem grega e pode ser traduzida como "eternidade", "era" ou "idade".

No Hermetismo, *Aion* refere-se à eternidade, mas não simplesmente como um tempo infinito, mas como um estado atemporal e imutável que está além da sequência linear do tempo. É um estado de ser no qual todas as coisas existem simultaneamente, sem começo, meio ou fim.

A Eternidade é geralmente associada ao Todo, eterno e imutável, existindo fora das limitações do tempo cronológico. Assim, representa a natureza eterna do divino, em que passado, presente e futuro são uma única realidade indivisível.

## 5.6 Apocatastasis

Este conceito refere-se à crença de que o Universo, após passar por ciclos de criação e destruição, será eventualmente restaurado à sua condição original e perfeita. Está profundamente ligado à visão cíclica do tempo e da existência, segundo a qual o cosmos passa por fases de declínio e renovação, retornando sempre ao ponto de origem.

Como no Princípio de Ritmo, o Universo e todas as suas partes emanam do Todo, afastando-se em complexidade e densidade. Eventualmente, tudo retorna ao Todo, completando o ciclo de emanação e retorno, restaurando a harmonia original.

A Apocatastasis não é apenas um evento cósmico, mas também um processo espiritual individual, em que cada pessoa possui uma centelha divina que deve ser despertada e reintegrada ao Todo em um ciclo infinito de nascimento, crescimento, morte e renascimento.

## 5.7 Hierarquia Celestial

Na filosofia hermética, a Hierarquia Celestial é uma estrutura ordenada de seres espirituais que fazem a mediação entre o Todo e o mundo manifestado, refletindo a ordem e a harmonia do cosmos, com cada plano desempenhando funções específicas de manutenção da ordem cósmica por meio da intercessão, proteção e orientação espiritual.

No topo da hierarquia está o Todo, a unidade primordial e absoluta, o Grande Arquiteto, fonte de toda a existência. Logo abaixo está o *Logos*, a Razão ou Palavra Divina, que organiza e dá forma ao universo, sendo o primeiro princípio emanado do Todo. Depois, estão as inteligências cósmicas, responsáveis por manter a ordem cósmica. São seres espirituais elevados que governam aspectos fundamentais da realidade, como os Arcanjos e os Deuses. A ordem mais baixa na Hierarquia Celestial são os anjos e os espíritos, que agem como mensageiros e executores das Leis Divinas. Esses seres são os que mais interagem com o mundo humano.

# 5.8 A Doutrina da Alma

A doutrina da alma é um conjunto de ensinamentos esotéricos que explora a natureza, a origem, o propósito e o destino da alma humana. Esse conceito mostra que toda a alma possui origem divina, como uma emanação do Todo, o que lhe confere natureza imortal e eterna.

De acordo com esse preceito, a alma pode ser dividida em três partes:

1. **Alma Superior (*Nous* ou *Intelecto Divino*)**: sua porção mais elevada, em contato direto com o Todo, sendo a fonte de sabedoria e intuição espiritual;
2. **Alma Racional (*Psique*)**: a porção intermediária, responsável pelo pensamento racional e pela tomada de decisões, possibilitando a transmutação mental;
3. **Alma Inferior (Alma Animal)**: sua porção mais inferior, associada ao sistema límbico, responsável por instintos, desejos e emoções mais básicas; apesar de essa alma ser necessária para a vida física, ela não pode dominar as demais almas, devendo ser purificada e controlada para permitir a ascensão espiritual.

# 5.9 A Matéria sob Segredo

Este conceito explora a natureza dual e oculta da matéria. Ele revela que tudo possui dentro de si uma manifestação do divino, que possibilita um potencial ilimitado para a transformação espiritual. Dessa maneira, o iniciado entende a unidade essencial entre o espírito e a matéria, bem como a manifestação do divino no mundo físico, podendo transcender a aparência física da matéria por meio da purificação e da elevação.

A matéria sob segredo reforça a percepção de que não há separação verdadeira entre Matéria, Mente e Espírito, pois todos são manifestações da mesma Mente Universal. A compreensão profunda dessa unidade é essencial para o avanço espiritual.

## 5.10 Palingênese

A Palingênese é um conceito relacionado ao processo de renascimento ou regeneração, tanto em um sentido físico quanto espiritual. Na filosofia hermética, está profundamente associada à ideia de transformação e renovação espiritual, principalmente por meio de ciclos de morte e renascimento.

Assim como a Apocatastasis, reflete a natureza cíclica do universo e a jornada de transformação pessoal do indivíduo, em que há a morte simbólica das qualidades inferiores da alma e o nascimento de uma nova consciência iluminada e purificada. Símbolo poderoso de transformação, renovação e evolução contínua, este processo é essencial para a união com o divino e a realização do potencial espiritual completo.

## 5.11 O Silêncio Hermético

O silêncio hermético é uma importante ferramenta para o crescimento espiritual e a contemplação, podendo ser dividido em silêncio externo e silêncio interno.

O silêncio externo protege o conhecimento esotérico, assegurando que ele seja transmitido apenas para aqueles que são merecedores e estão devidamente preparados. O conhecimento em mãos erradas costuma ser devastador, tanto para a sociedade quanto para o mundo.

O silêncio interno é crucial para a meditação, a contemplação e o desenvolvimento espiritual, pois permite que o indivíduo acalme a mente, escute sua voz interior e se conecte com o divino. Esse processo promove autoconhecimento e conexão com o divino.

## 5.12 Teurgia

A teurgia é uma prática espiritual e esotérica que busca interação e união com deidades ou seres espirituais superiores para a evolução espiritual, por meio da iluminação e da expansão da consciência, levando a uma compreensão mais profunda do plano espiritual. A purificação da alma remove influências negativas e impurezas mundanas. A união com o Divino estabelece conexão profunda e direta com o Todo.

Assim como outras práticas esotéricas, a teurgia enfatiza a importância do silêncio e do segredo, pois é poderosa e deve ser protegida e transmitida apenas a iniciados preparados para compreendê-la e aplicá-la corretamente. O silêncio também serve para proteger o praticante de influências negativas e de mal-entendidos.

Concluindo, a filosofia hermética é uma tradição rica e complexa que remonta ao antigo Egito, encapsulando um sistema de crenças que integra a espiritualidade, a cosmologia e a busca pelo conhecimento. Explora a interconexão entre Deus, o Cosmos e o Homem, enfatizando a importância do autoconhecimento e da transformação espiritual.

No centro dessa filosofia está a ideia de que o macrocosmo e o microcosmo são reflexos um do outro, refletindo o axioma: "Assim como é em cima, é embaixo". Este Princípio de Correspondência sugere que a compreensão das leis que governam o universo pode levar à compreensão das leis que governam a própria alma.

A Alquimia, tanto em seus aspectos físicos quanto espirituais, serve como uma metáfora poderosa para a transmutação pessoal, segundo a qual a matéria-prima da alma é purificada e elevada à sua forma mais perfeita e divina.

A prática da teurgia, o trabalho divino, é essencial para aqueles que buscam a união com o divino, pois envolve a invocação de seres espirituais e deidades para alcançar estados superiores de consciência. O silêncio hermético, por sua vez, destaca a importância da discrição e do autocontrole, protegendo o conhecimento sagrado e facilitando a introspecção necessária para o crescimento espiritual.

Por fim, a filosofia hermética oferece uma visão holística do universo, em que a busca pelo conhecimento e a prática espiritual se fundem para guiar o indivíduo em sua jornada de autotransformação e realização espiritual. Ao harmonizar os elementos internos e externos de sua existência, o iniciado hermético se aproxima do divino, alcançando um estado de união mística e entendimento profundo da natureza da realidade.

# 6. Manuscritos Herméticos

Os manuscritos herméticos, ou *Hermetica*, são uma coleção de 18 obras gregas, cujas peças principais são o *Corpus Hermeticum* e *A* Tábua de Esmeralda, as quais são tradicionalmente atribuídas ao próprio Hermes Trismegisto. Posteriormente, em 1908, foi publicado *O Caibalion*, sob o pseudônimo de *Os Três Iniciados*, que afirma conter a essência desses ensinamentos herméticos.

## 6.1 *Corpus Hermeticum*

O *Corpus Hermeticum* é o conjunto de textos escritos entre 100 e 300 d.C., resultantes do complexo sincretismo de múltiplas religiões da Antiguidade. Provavelmente foi escrito durante a *Pax Romana* (Paz Romana), época em que o Egito era uma colônia de Roma, possibilitando o contato com o restante do vasto Império Romano.

Esses textos filosóficos e religiosos exploravam diversos temas e conceitos complexos, como a natureza de Deus, do Cosmos e do Universo; a Alma Humana e a busca pela sabedoria e iluminação espiritual; e a relação entre o divino e mundo material. De forma geral, apresentavam também uma visão holística e espiritualizada do universo, e enfatizavam que a compreensão da mente e da consciência era essencial para atingir o conhecimento das verdades universais.

A obra influenciou diversas vertentes de pensamento, como a filosofia renascentista, a alquimia e a espiritualidade mística. Durante o Renascimento, a obra foi redescoberta, influenciando de forma significativa muitos filósofos e pensadores, que desenvolveram movimentos esotéricos, alquímicos e ocultistas ao longo dos séculos. Até hoje, o *Corpus Hermeticum* continua a inspirar estudiosos e indivíduos que buscam descobrir os mistérios do universo e da mente humana.

## *6.2 A Tábua de Esmeralda*

*A Tábua de Esmeralda*, ou *Tabula Smaragdina*, é um pequeno texto antigo, considerado um dos fundamentos do Hermetismo. Conhecida por sua concisão e clareza, a obra faz uma profunda associação entre a filosofia hermética e a alquimia, sendo valorizada por suas ideias sobre os princípios que regem o universo.

Composta por um poema curto e enigmático, foi a principal fonte dos alquimistas antigos, que tentaram decifrar seus conceitos, símbolos e alegorias em busca da compreensão dos mistérios da natureza e da consciência. Também aborda diversos temas, como a unidade da mente e da matéria, a transmutação de metais e a busca pela compreensão dos segredos da natureza. Assim como o *Corpus Hermeticum*, a obra sugere uma conexão íntima entre o divino e o material, que pode ser completamente entendida e manipulada por meio da alquimia.

Não se sabe exatamente em qual língua o texto original foi escrito, o tradutor espanhol João de Sevilha (Johannes Hispaniensis) traduziu e apresentou a obra no *Secretum Secretorum*, *O Livro do Segredo dos Segredos*:

> *É verdade, sem falsidade alguma, verdade absoluta:*
>
> *O que está embaixo é como o que está em cima e o que está em cima é como o que está embaixo, para realizar os milagres de uma única coisa.*
>
> *E assim como todas as coisas vieram do Um, assim todas as coisas são únicas, por adaptação.*
>
> *O Sol é o pai, a Lua é a mãe, o vento o embalou em seu ventre, a Terra é sua nutridora;*
>
> *O Pai de toda Telesma (vontade) do mundo está nisto.*
>
> *Seu poder é pleno, se é convertido em Terra.*
>
> *Separarás a Terra do Fogo, o sutil do denso, suavemente e com grande perícia.*
>
> *Sobe da terra para o Céu e desce novamente à Terra e recolhe a força das coisas superiores e inferiores.*

*Desse modo obterás a glória do mundo.*

*E se afastarão de ti todas as trevas.*

*Nisto consiste o poder poderoso de todo poder:*

*Vencerás todas as coisas sutis e penetrarás em tudo o que é sólido.*

*Assim o mundo foi criado.*

*Esta é a fonte das admiráveis adaptações aqui indicadas.*

*Por esta razão fui chamado de Hermes Trismegisto, pois possuo as três partes da filosofia universal.*

*O que eu disse da Obra Solar é completo.*

(Hermes Trismegisto, *A Tábua de Esmeralda*)

## 6.3 *O Caibalion*

*O Caibalion*, ou *Kybalion*, é um livro que estuda a filosofia hermética do antigo Egito e da Grécia, originalmente publicado em 1908 pela Yogi Publication Society, com sua autoria creditada ao pseudônimo "Os Três Iniciados". Segundo os próprios autores, a obra é uma recompilação de um antigo livro iniciático de mesmo nome e que teria sido transmitido oralmente por gerações, de mestre a discípulo. O livro contém a essência dos ensinamentos de Hermes Trismegisto, tal como ensinado nas antigas escolas herméticas. É uma compilação dos ensinamentos presentes no *Corpus Hermeticum* e em *A Tábua de Esmeralda.*

A palavra "Caibalion" (קייבלון, que na linguagem secreta significa "Tradição ou preceito manifestado por um ente superior") possui a mesma raiz que a palavra hebraica *Qabala, Qibul, Qibal* (קיבל), somada ao sufixo *ion* (ון), que significa "vida ou ente manifestado".

Alguns estudiosos e historiadores consideram que o livro foi escrito por William Walker Atkinson (1862-1932), advogado, comerciante, editor, escritor e ocultista norte-americano, adepto do Movimento do Novo Pensamento. Além de proprietário da Yogi Publication Society, também escreveu diversas obras abordando temas místicos, espirituais e ocultistas, a maioria sob diferentes pseudônimos. Outras teorias incluem como coautores: Paul Foster Case, fundador dos *Builders of the Adytum*; Michael Witty e Charles Atkins, chefes da Loja Thoth-Hermes da Ordem *Alpha et Omega* em Chicago; Claude Alexander, mágico e escritor do Movimento do Novo Pensamento; Claude Bragdon, teósofo e arquiteto; Harriet Case, esposa de Paul Foster Case; Mabel Collins, escritora teósofa; e Marie Corelli, escritora de romances metafísicos.

Os Três Iniciados procuram explicar em *O Caibalion* como os Sete Princípios Herméticos atuam e influenciam o funcionamento do universo e de seus componentes. Os efeitos dos Princípios de Mentalismo, Correspondência, Vibração, Polaridade, Ritmo, Causa e Efeito e Gênero ocorrem concomitantemente, nos Planos Material, Mental e Espiritual. A obra ainda mostra como os iniciados herméticos podem aplicar esses princípios em si mesmos e no mundo ao seu redor para evoluir pessoal e espiritualmente.

# 7. O Hermetismo e a Maçonaria

Os ensinamentos e os preceitos maçônicos não são exclusivamente herméticos, mas a relação entre as duas filosofias é complexa e multifacetada. Algumas correntes do Hermetismo influenciaram diretamente a Maçonaria, como o Rosacrucianismo, a Astrologia e a Alquimia, trazendo conceitos e práticas utilizados pela Ordem até os dias de hoje.

Ambas as correntes filosóficas estimulam o desenvolvimento pessoal e espiritual de seus membros por meio dos estudos, da reflexão, da meditação, do autoconhecimento e, principalmente, da prática diária das virtudes. Muitos símbolos herméticos, presentes nos Templos e rituais maçônicos, representam a busca pelo conhecimento e pela sabedoria, bem como a busca pela harmonia entre o divino e o humano.

Ao subir os degraus dos Graus Simbólicos e Filosóficos, o Obreiro tem acesso a ensinamentos herméticos, que expandem seu conhecimento e experiências, abordam diferentes temas, como a natureza divina do ser humano, as leis universais, a busca pela sabedoria e a evolução espiritual.

Os principais elos entre o Hermetismo e a Maçonaria são a Alquimia e a Astrologia, ambas responsáveis por guiar o Obreiro em sua jornada pelo conhecimento oculto, com o objetivo de desvendar e compreender os segredos da mente humana e do próprio universo. Os simbolismos e as alegorias herméticas são importantes ferramentas para estimular o estudo constante, buscando a luz da sabedoria e do autoconhecimento. A evolução espiritual só pode ser alcançada por meio do desenvolvimento da virtude e dos bons costumes.

## 7.1 Alquimia

Os rituais e os templos maçônicos possuem diversos simbolismos alquímicos, cada um com significados profundos, representando complexos conceitos filosóficos e esotéricos. A Câmara das Reflexões está repleta de símbolos e alegorias alquímicas; os quatro elementos da natureza (Água, Fogo, Terra e Ar) estão presentes, desde a Cerimônia de Iniciação até a ritualística das sessões ordinárias; a própria transmutação mental dos Obreiros é um dos principais preceitos da Alquimia.

A Alquimia utiliza a transmutação da matéria, transformando substâncias comuns em ouro, como alegoria para a transmutação mental, purificando sua alma e alcançando a iluminação espiritual. Representa a transmutação do homem ignorante e bruto de chumbo em um homem sábio e refinado de ouro.

Na Maçonaria, o Aprendiz começa como uma pedra bruta, representando um estado não polido e imperfeito. Ao esquadrejar e desbastar sua pedra bruta, removem-se todas as arestas e imperfeições até transformá-la em uma pedra polida, que simboliza a perfeição moral e espiritual. O aprendizado, análogo à transmutação alquímica, visa à construção do Templo Interior e à evolução espiritual do Obreiro.

## 7.2 Astrologia

Os princípios astrológicos são utilizados para melhor compreensão dos ciclos da vida e das influências da movimentação dos corpos celestes sobre o ser humano. As Colunas Zodiacais do Rito Escocês Antigo e Aceito, a Abóbada Celeste representada no teto do Templo, os capitéis das Colunas J e B, todos são inspirados na Astrologia antiga.

A astrologia hermética busca entender as influências de cada planeta e signo zodiacal sobre a vida e a personalidade dos indivíduos para melhor alinhar a vida do iniciado com os ciclos cósmicos. O princípio de que o homem (microcosmo) é um reflexo do universo (macrocosmo) é central na astrologia hermética.

A Maçonaria utiliza símbolos como o Sol, a Lua, estrelas e constelações para representar a luz, a sabedoria e a ordem universal. Alguns rituais maçônicos são frequentemente realizados em sincronia com fases lunares ou outros eventos astrológicos, refletindo uma conexão com os ritmos naturais e cósmicos. Por exemplo, os Jantares Ritualísticos, ou Lojas de Mesa, realizados próximos às datas dos solstícios de inverno e verão.

## 7.3 Manuscrito Cooke

O Manuscrito de Matthew Cooke é o segundo documento mais antigo dos "Antigos Deveres" (*Old Charges*) da Maçonaria, muito provavelmente escrito em 1450, sendo o primeiro a ser redigido em prosa. Estudos sugerem que foi composto nas Midlands Ocidentais (uma das nove regiões oficiais da Inglaterra), próximo ao local de origem do poema *Regius*, em Shropshire. Apesar de não se conhecer seus autores originais, a obra foi publicada em 1861, em Londres, por R. Spencer, e editada por Matthew Cooke (daí o nome dado ao manuscrito).

Dentre os diversos temas abordados no manuscrito, está o conto dos filhos de Lameque, um personagem bíblico do Antigo Testamento, mencionado no livro de Gênesis como filho de Metusael e um dos descendentes de Caim.

Segundo a Bíblia, Lameque teve duas esposas, sendo o primeiro homem citado na Bíblia a praticar poligamia. O nome da primeira esposa era Ada, que teria sido mãe de Jabal, pai dos que habitam em tendas e cuidam de gado, descobridor da geometria, tornando-se um Maçom Mestre de Caim; e de Jubal, pai dos que tocam harpa e descobridor da música. A segunda esposa chamava-se Zilá e foi mãe de Tubalcaim, que descobriu a metalurgia e a arte da forja de objetos feitos de ferro e cobre; e de Naamá, que descobriu a tecelagem.

Ao descobrirem que a Terra seria destruída pelo fogo ou pela água, os irmãos talharam todos seus conhecimentos em duas colunas de pedra, uma resistente às chamas e outra que não afundaria. Gerações após o dilúvio bíblico, ambas as colunas foram descobertas, uma por Pitágoras e a outra por Hermes Trismegisto, que se dedicaram a ensinar os textos ali gravados.

Esses dois pilares, semelhantes às Colunas J e B do Templo de Salomão, são responsáveis por sustentar o Templo Maçônico por meio dos grandes conhecimentos que cada um trouxe para a Ordem. A coluna encontrada por Pitágoras trouxe os elementos aritméticos e geométricos, responsáveis pelo simbolismo construtivo; já a coluna encontrada por Hermes Trismegisto assegurou o amparo do G.·.A.·.D.·.U.·. por intermédio da Filosofia e do Conhecimento. Por esse motivo, os ensinamentos, tanto de Hermes Trismegisto quanto de Pitágoras, estão presentes na Maçonaria.

## 7.4 Estrutura e Hierarquia

Com relação à estrutura e à hierarquia, tanto o Hermetismo quanto a Maçonaria possuem interessantes paralelos.

O Hermetismo não é uma tradição monolítica, mas uma coleção de ensinamentos e de práticas esotéricas. Apesar dessa variedade, a estrutura hermética geralmente segue um padrão de iniciação e estudos progressivos em diferentes níveis de entendimento espiritual e alquímico. A Maçonaria é uma fraternidade esotérica com uma estrutura hierárquica clara e bem definida, baseada nos Graus Simbólicos (Aprendiz, Companheiro, Mestre) e nos Graus Filosóficos, que representam níveis distintos de conhecimento e responsabilidade dentro da Ordem.

A relação mestre-discípulo no Hermetismo encontra um paralelo na Maçonaria com a relação entre Aprendizes, Companheiros e Mestres. Em ambos os casos, o conhecimento esotérico é transmitido gradualmente apenas para aqueles que se mostrarem merecedores.

Nos tempos antigos, ambas as tradições operavam como sociedades secretas, pois seus conhecimentos eram reservados somente aos iniciados. Isso gerava grande desconfiança e perseguições pelos poderosos, que temiam o compartilhamento de sabedoria entre a população. Hoje, a Maçonaria não é mais secreta, e sim discreta, seus segredos são revelados apenas aos iniciados e estão relacionados com palavras, toques e sinais, que permitem a mútua identificação entre os maçons.

# 8. Conclusões

Em resumo, o Hermetismo exerce influência significativa na Maçonaria, tanto em seus rituais quanto em simbolismos, alegorias e filosofia. A Maçonaria utiliza os princípios herméticos como um caminho para o autoaperfeiçoamento e a busca pela verdade por meio da sabedoria oculta e do uso da simbologia hermética. Ambos preconizam a transformação interior por intermédio do autoconhecimento e da união com o divino. Com raízes históricas e filosóficas entrelaçadas, essas tradições continuam a influenciar e inspirar aqueles que buscam compreender os mistérios do universo e da alma humana.

# Capítulo 3

# O PRINCÍPIO DE MENTALISMO

*"O Todo é mente, o Universo é mental."*
(*O Caibalion*)

## 1. Mentalismo

### 1.1 Conceito

O termo "mentalismo" refere-se a uma arte performática em que seus praticantes parecem demonstrar habilidades mentais ou intuitivas altamente desenvolvidas, como hipnose, telepatia, clarividência, adivinhação, precognição, psicocinesia, mediunidade, controle da mente, feitos de memória, dedução e matemática rápida. Apesar de ser classificado como uma subcategoria da magia, o mentalista em geral usa ferramentas mundanas para seus atos, como decodificação da linguagem corporal, habilidades de observação minuciosa e conhecimentos práticos de psicologia e antropologia. Dessa maneira, consegue interpretar e manipular o comportamento humano para seus propósitos.

Na Psicologia, o mentalismo reconhece a importância dos processos mentais internos, como pensamentos, sentimentos, percepções e memórias, para a compreensão do comportamento humano. É muitas vezes associado ao desenvolvimento de modelos cognitivos (representações mentais, estratégias cognitivas e processos de tomada de decisão) que tentam descrever e explicar como as pessoas processam informações internamente e como respondem por meio do comportamento e emoções. Destaca a relação entre cognição e comportamento, ou seja, considera que a mente é responsável direta por influenciar o comportamento e as emoções do indivíduo.

## 1.2 Esoterismo e Misticismo

No esoterismo e no misticismo, o conceito de mentalismo permeia diversas tradições que oferecem uma visão profunda sobre a natureza da realidade e a capacidade da mente de moldar a experiência humana.

Tradições esotéricas orientais, como o Hinduísmo e o Budismo, possuem entendimentos semelhantes em relação ao mentalismo. O conceito de *Maya* refere-se à ilusão que obscurece a compreensão verdadeira da realidade. Essa ilusão é criada pela mente, e a busca espiritual muitas vezes envolve transcender suas limitações para alcançar a verdadeira natureza da realidade. Assim, a mente é a raiz da experiência, e sua compreensão é imprescindível para a iluminação espiritual.

Na tradição do *Advaita Vedanta*, a ênfase está na unidade da consciência, uma vez que a mente é considerada uma ferramenta para a expressão da consciência única e indivisível (*Brahman*). A iluminação é vista como a realização direta dessa unidade além dos fenômenos mentais.

A Teosofia, fundada por Helena Petrovna Blavatsky, é uma corrente esotérica que utiliza muitos dos princípios herméticos, incluindo o mentalismo. Essa doutrina ensina que a mente é a faculdade criativa que molda a realidade e que a evolução espiritual envolve o desenvolvimento consciente da mente, vista como uma força criativa e um meio pelo qual as ideias se materializam.

O Rosacrucianismo, que também utiliza muitos conhecimentos herméticos, aborda a mente na compreensão do universo, uma vez que desempenha um papel fundamental na criação e na interpretação da realidade.

Nos movimentos esotéricos contemporâneos, há uma ênfase significativa no poder da mente, na criação e na modificação da realidade. Crenças em manifestação consciente, visualização criativa e afirmações positivas refletem a ideia de que a mente desempenha um papel relevante na formação da experiência pessoal e na manipulação do mundo material.

# 2. O Princípio de Mentalismo

O Princípio de Mentalismo sustenta que a mente é a raiz de toda a existência e que o Universo é, fundamentalmente, uma manifestação mental do Todo. Enfatiza também a importância da consciência na criação e na interpretação da realidade, destacando a relevância do pensamento e da percepção em todos os planos de manifestação.

Pode ser considerado o primeiro e mais importante dos Sete Princípios Herméticos, uma vez que, sem sua devida compreensão e domínio, dificilmente os demais princípios serão entendidos e/ou aplicados de maneira eficaz. É por meio da força mental que os princípios de Correspondência, Vibração, Polaridade, Ritmo, Causa e Efeito e Gênero podem ser alterados e manipulados para a evolução espiritual do iniciado.

Para melhor compreensão desse princípio, é necessário entender a Transmutação Mental, o Conceito do Todo, o Universo Mental, o Paradoxo Divino e a percepção de que o Todo está em Tudo.

## 2.1 Transmutação Mental

*"A mente (bem como metais e elementos) pode ser transmutada, de um estado para outro; de um grau para outro; de uma condição para outra; de um polo para outro; de uma vibração para outra. A verdadeira transmutação hermética é uma arte mental."*

(Três Iniciados, *O Caibalion*)

De acordo com o *Dicionário Online de Português*, a palavra "transmutação" é um substantivo feminino que significa: "ação ou efeito de transmutar, ato de se transmutar, modificação". Na Química, significa "ação de transformar um elemento químico em outro".

Para a ciência, a transmutação é um fenômeno que ocorre espontaneamente na natureza quando certos elementos químicos ou isótopos, que possuem núcleos instáveis, transformam-se em novos elementos de números atômicos inferiores e estáveis por meio da fissão nuclear.

Para a Alquimia, transmutação é a conversão de um elemento químico em outro. Significa mudar de uma natureza, forma ou substância para outra. Os antigos alquimistas acreditavam que era possível transformar metais comuns e sem valor, como chumbo, antimônio e bismuto, em metais nobres, como prata e ouro.

No Hermetismo, o conceito de Transmutação Mental refere-se à prática de transformar e elevar conscientemente pensamentos, emoções e percepções para alcançar um estado de consciência mais elevado e uma compreensão mais profunda da realidade.

Para os mestres herméticos, era a Arte da Química Mental, pois a mente é a substância primordial do universo e todos os planos de manifestação estão conectados. Ao transmutar a mente, a correspondência torna possível alterações nos planos material e espiritual. Os grandes mestres herméticos da Antiguidade eram capazes de alterar o mundo material ao seu redor (transformar chumbo em ouro, invocar tempestades, etc.) apenas com a força da mente. É interessante ressaltar que a força mental é tão poderosa que até mesmo os aprendizes, no início de sua transmutação mental, podiam alterar a realidade ao seu redor, ainda que em menor escala e, muitas vezes, de maneira inconsciente.

O processo começa com a Consciência da Mente, ou seja, a consciência da natureza dos pensamentos e das emoções por meio da introspecção e do autoconhecimento para identificar padrões e reconhecer como as emoções afetam o estado de ser. Uma vez ciente desses padrões, inicia-se o trabalho consciente para transformá-los, o que pode envolver a substituição de pensamentos negativos por positivos, a transmutação de emoções prejudiciais em sentimentos de amor e compaixão, e a busca por uma perspectiva mais elevada sobre a vida.

Essa transmutação pode incluir práticas de purificação mental, como meditação, visualização criativa, afirmações positivas e autorreflexão, que auxiliam na supressão de padrões de pensamento negativos e no cultivo de uma mentalidade mais positiva e equilibrada.

À medida que essa mudança progride, o indivíduo pode experimentar um crescimento espiritual significativo, incluindo uma conexão com a própria essência espiritual, uma compreensão mais profunda dos mistérios da vida e uma sensação de paz interior e harmonia com o universo. O iniciado deve lembrar-se de que o processo não é uma prática isolada, mas uma abordagem holística para a vida, estendendo-se a todos os aspectos da existência, desde o material até o espiritual.

Na Maçonaria, os Obreiros podem usar a Transmutação Mental para procurar a verdade, promover o exame da moral e a prática das virtudes. Devem sempre praticar conscientemente a transformação de seus pensamentos, emoções e percepções para alcançar um estado de maior paz, equilíbrio e bem-estar.

Primeiramente, o Obreiro deve fazer uma introspecção para estabelecer sua autoconsciência, identificando seus pensamentos negativos, crenças limitantes ou padrão de comportamento vicioso. Após esse autoconhecimento, deve trabalhar para substituir esses padrões desfavoráveis por pensamentos e crenças mais positivos e construtivos. Algumas ferramentas, como a visualização criativa (meio de reprogramar a mente e criar uma realidade mais positiva) e afirmações positivas (para reforçar crenças assertivas sobre si mesmo e sobre o mundo ao seu redor), podem ser utilizadas para auxiliar nesta difícil tarefa.

O Obreiro deve sempre estar atento a novos padrões que podem desestabilizar e prejudicar sua harmonia interior, pois a transformação mental é um processo constante. Deve praticar a atenção plena, concentrando-se no momento presente e observando seus pensamentos sem julgamento.

Esses cuidados são fundamentais para que o Obreiro possa desbastar sua pedra bruta, removendo arestas e imperfeições, transmutando sua mente, logo, sua visão da realidade e comportamento, dentro e fora do Templo. Mais importante, ao evoluir, de acordo com os preceitos herméticos, o Obreiro pode e deve influenciar todos ao seu redor, tornando-os melhores e auxiliando-os a evoluir.

## 2.2 O Todo

*"Debaixo e detrás do universo do tempo, do espaço e da mudança é para ser encontrada invariavelmente a realidade substancial – a verdade fundamental."*
(Três Iniciados, *O Caibalion*)

De acordo com os princípios herméticos, o Todo refere-se à totalidade da existência. É a essência de tudo o que existe, a causa primeira de toda a criação. Assim, representa sua unidade e totalidade, abrangendo tudo, desde a menor estrutura do Plano Material até o mais alto ente do Plano Espiritual. Nada está fora do Todo, tudo faz parte dele e é uma expressão de sua natureza.

Pode ser identificado, em parte, pela percepção humana como o Grande Arquiteto, criador e sustentador de toda a realidade substancial, que serve de base a todas as manifestações, sendo a fonte de toda a vida e a origem de tudo no universo. Outra percepção é de que o Todo é a consciência cósmica ou inteligência universal que permeia toda a realidade, considerada onipresente, onisciente e onipotente.

A compreensão e a conexão com o Todo são os principais objetivos na busca espiritual na tradição hermética. O iniciado deve transcender as limitações da mente e da percepção ordinária para experimentar a unidade com o divino, experienciando a verdadeira natureza da realidade.

Para *O Caibalion*, o Todo é tudo o que é real, sendo incognoscível, infinito e imutável – atributos que o tornam muito maior que a soma das manifestações da Matéria, da Mente e do Espírito.

## *2.2.1 O Todo é incognoscível*

De acordo com o *Dicionário Online de Português*, a palavra "incognoscível" é um adjetivo que significa: "que não se consegue conhecer, não cognoscível"; "que não pode ser conhecido pelo uso da razão e/ou da inteligência". Como substantivo masculino, quer dizer "extremamente difícil de se conhecer, impossível de ser conhecido".

Na ciência, o termo é frequentemente utilizado para descrever fenômenos ou teorias que a ciência atual ainda não consegue comprovar ou possui explicações plausíveis.

Esse conceito filosófico tem origem na Grécia Antiga, com pensadores como Platão e Aristóteles, que exploraram os limites do conhecimento humano. Entretanto, foi com Immanuel Kant, filósofo alemão do século XVIII, que o conceito ganhou força, pois argumentava que existem limites para o conhecimento humano.

Para a Igreja Católica, Deus é incognoscível em Sua essência, pois é um ser infinito e transcendente, cuja natureza está além da capacidade da mente humana de entendimento. Assim, Deus é incognoscível, estando além do alcance do conhecimento humano, pois em geral uma criatura não pode compreender seu criador.

Para os hermetistas, o Todo é, e sempre será, incognoscível. Todas as teorias, conjecturas e especulações são esforços quase infantis de mentes finitas tentando entender e explicar os mistérios do Infinito. O Todo não possui personalidade, emoções, vontades ou desejos, não apresenta atributos humanos, que muitos tentam, sem sucesso, lhe atribuir.

Esse conceito pode ser aplicado à Maçonaria, pois o incognoscível tem um importante papel na compreensão do mundo e de nosso "eu" interior. Ao reconhecer os limites do conhecimento humano, o Obreiro mantém uma atitude humilde diante do desconhecido, o qual o estimula a procurar incessantemente novos conhecimentos e aprendizados. Além disso, o incognoscível lembra o Obreiro da complexidade do universo, estimulando a curiosidade e a busca por respostas.

## 2.2.2 O Todo é tudo o que é real

Este conceito reflete a verdade fundamental de que há uma realidade última e absoluta, a fonte de tudo o que existe. Apesar de estar além da compreensão humana, a percepção da realidade tem sua origem no Todo, inclusive as manifestações materiais, mentais e espirituais da existência. Isso sugere uma visão de unidade, sem dualidade entre o Todo e o tudo que existe dentro dele, pois tudo faz parte da mesma realidade.

Implica também que todas as divisões aparentes no universo são ilusórias, com uma interconexão e unidade subjacente em todas as coisas. É o Grande Arquiteto que controla e opera todas essas manifestações universais, que nada mais são do que materializações de sua Mente. Assim, tudo o que é finito, passageiro, condicional e mutável não é real.

Na Maçonaria, esse conceito pode ser aplicado na busca pela evolução pessoal e espiritual. O Obreiro deve ter consciência de que é impossível compreender o G.·.A.·.D.·.U.·. e a sua relação com tudo o que é real. No entanto, ele deve se aproximar o máximo possível dessa compreensão, procurando transcender as limitações da mente e da percepção ordinária. Assim, dentro da limitação da mente humana diante do Todo, procura uma compreensão mais profunda da natureza da realidade universal e de sua própria existência.

## 2.2.3 O Todo é infinito

De acordo com o *Dicionário Online de Português*, a palavra "infinito" é um adjetivo que significa: "Sem fim, que não se pode terminar, finalizar, eterno"; "que não possui limites, delimitações, infindo"; "muito grande, imenso, gigante"; "que não se consegue contar, mensurar, imensurável"; "que não teve princípio nem há de ter fim". Como substantivo masculino, quer dizer "aquilo que não se pode demarcar". Na Matemática, refere-se a uma grandeza que não se consegue calcular, medir; na religião, é a designação atribuída a Deus, ao que o entendimento humano não consegue alcançar.

O infinito é a qualidade daquilo que não tem fim, é uma sequência infinita de resultados que uma equação pode obter. Representado pela lemniscata (∞), esse símbolo mostra uma curva geométrica especial, contendo uma forma sem início ou fim.

Esse conceito é usado em vários campos, como a Teologia, a Filosofia e a Matemática. Nesta última, ele é tratado como uma noção quase numérica utilizada em proposições, sendo a disciplina que mais contribuiu para seu entendimento.

Na filosofia hermética, o conceito reflete a compreensão fundamental de que o Todo é infinito em sua natureza, de que não há limites ou restrições à sua existência, transcende quaisquer conceitos de tamanho, forma, tempo ou espaço, e está além do entendimento humano. Também está intimamente ligado ao conceito de eternidade, pois não está sujeito a começo nem fim, não tem um ponto de origem ou destino final; simplesmente é, sempre foi e sempre será, existindo além das limitações temporais.

Sua infinitude implica que é uma fonte inesgotável de potencial, pois contém todas as formas de existência, energias e manifestações possíveis. Assim, não há limites para o que pode surgir do Todo, e sua criatividade e expressão são infinitas.

Na Maçonaria, a infinitude do G.·.A.·.D.·.U.·. mostra que há uma fonte inesgotável de possibilidades que o Obreiro pode seguir em sua jornada de evolução espiritual. Isso o encoraja a explorar seu potencial ilimitado e expressar seus dons únicos e talentos criativos, a fim de expandir seus horizontes pessoais e mentais, sempre procurando melhorar o mundo ao seu redor.

Também o estimula a abraçar o fluxo constante da mudança e da transformação, uma vez que o universo é infinitamente criativo e adaptável. Por fim, o Obreiro deve sempre ter a sensação de reverência e maravilha diante da vastidão e da complexidade universal, ficando aberto às suas belezas e mistérios.

## *2.2.4 O Todo é imutável*

De acordo com o *Dicionário Online de Português*, a palavra "imutável" é um adjetivo que significa: "que não se pode mudar, alterar"; "sem possibilidades de mudança, de alteração"; "permanente, constante". Sua origem etimológica vem do termo em latim *immutabilis*, que quer dizer "que não pode ser mudado, que não muda".

Dentro da filosofia hermética, o Todo é imutável, ou seja, não está sujeito a mudanças ou variações na sua natureza real, não podendo ser alterado de forma alguma. Essa imutabilidade é uma de suas características essenciais, significando que, mesmo que as formas e as manifestações individuais dentro do universo estejam sujeitas a mudanças e transformações, sua essência permanece constante e inalterada.

Isso implica estabilidade e permanência na ordem cósmica, uma vez que essas características são consideradas partes fundamentais da harmonia e do equilíbrio universal, fornecendo uma base sólida e confiável para todos os planos de manifestação. Também evidencia que essa imutabilidade transcende as limitações do tempo e do espaço, não estando sujeita às leis temporais ou às restrições do espaço físico, existindo além dessas dimensões como como uma realidade eterna e atemporal.

Esse conceito hermético está relacionado ao fato de que tudo no universo é móvel e condicional: nada está parado, tudo é finito e possui tamanho definido, tudo segue seu ciclo de vida (nascimento, crescimento e morte), tudo segue seus ritmos (apogeu e declínio). De forma geral, mostra que nada neste universo é permanente, tudo se transforma.

Para os hermetistas, a compreensão da imutabilidade do Todo é uma fonte de segurança e tranquilidade, pois o entendimento de que há uma realidade fundamental estável e eterna traz um senso de paz interior e confiança no universo.

Na Maçonaria, esse conceito envolve a compreensão de estabilidade, aceitação e confiança na ordem fundamental do universo. O Obreiro deve estar ciente de que, embora o Todo seja imutável, a vida está sempre mudando. A essência imutável do G.'.A.'.D.'.U.'. pode servir como uma fonte de força interior e estabilidade, mostrando que ele deve ter a resiliência para aceitar as mudanças inevitáveis da vida, sejam elas boas ou más. Ao realizar uma introspecção, aprende a discernir o que pode e o que não pode ser mudado, e também aprende a confiar no fluxo da vida, abrindo sua mente para novas experiências e perspectivas.

## 2.3 O Universo Mental

*"O universo é mental – contido na mente do TODO."*
(Três Iniciados, *O Caibalion*)

Dentro da filosofia hermética, esta afirmação refere-se ao entendimento fundamental de que a mente desempenha um papel central na natureza da realidade do universo. Isso implica que a realidade pode ser moldada pela atividade mental e que a consciência é a essência fundamental na criação de tudo. Esse conceito mostra que a mente é a substância primordial da qual o universo é formado, assim, a realidade é primordialmente a manifestação mental do Todo.

A mente do Todo é o princípio criativo responsável por todas as manifestações, animadas ou inanimadas. O Princípio de Mentalismo usa essas informações para mostrar que a mente tem um poder criativo fundamental e que a realidade é moldada pela atividade mental. Sua compreensão altera a percepção do universo, pois sugere que os pensamentos, as crenças e as percepções têm um impacto direto na realidade, podendo influenciá-la e transmutá-la por meio da atividade mental consciente.

Na Maçonaria, o Obreiro deve reconhecer que o universo é mental, o que o leva a ter maior responsabilidade e consciência em relação a seus pensamentos, emoções e estados mentais, pois estes podem alterar a realidade à sua volta. Ele deve estar sempre atento às suas próprias narrativas internas, padrões de pensamento e reações emocionais.

Esse conhecimento significa maior responsabilidade por suas experiências, encorajando-o a ser proativo na escolha de seus pensamentos e atitudes, reconhecendo que é cocriador de sua vida. Ao imaginar claramente seus objetivos e aspirações por meio da visualização criativa, o Obreiro trabalha em sintonia com o Princípio de Mentalismo, influenciando a realidade por intermédio de sua mente.

# 2.4 Paradoxo Divino

*"Os falsos sábios, reconhecendo a relativa irrealidade do universo, imaginam poder desafiar suas leis – esses são tolos vaidosos e presunçosos, e são espatifados contra as rochas e despedaçados pelos elementos por causa de sua loucura. Os verdadeiramente sábios, conhecendo a natureza do universo, usam a Lei contra as leis; as superiores contra as inferiores; e, por meio da arte da alquimia, transmutam aquilo que é indesejável naquilo que é digno, com o que triunfam. A maestria (o domínio) não consiste em sonhos e visões anormais, bem como imagens fantásticas ou uma vida de fantasia, mas em empregar as forças superiores contra as inferiores, escapando das dores dos planos inferiores pela vibração nos superiores. Transmutação, e não negação presunçosa, é a arma do Mestre."*

(Três Iniciados, *O Caibalion*)

O Paradoxo Divino é a ideia que surge da interseção entre a compreensão humana limitada e a natureza ilimitada do Todo. Mostra que a mente humana, finita e limitada, não é capaz de entender completamente o Todo, pois é incognoscível, transcendendo as capacidades intelectuais humanas. A filosofia hermética sugere que sua compreensão requer uma abordagem que vai além da razão e da lógica, podendo envolver aspectos como intuição, fé e experiências, esotéricas e místicas.

## *2.4.1 Verdade Absoluta e Verdade Relativa*

Para melhor compreensão do Paradoxo Divino, deve-se ter em mente que há duas Verdades: a Verdade Absoluta e a Verdade Relativa.

De acordo com a ciência moderna, o universo tem cerca 13,8 bilhões de anos, quando ocorreu o Big Bang e a subsequente expansão e formação das galáxias. Pelo conceito de Verdade Absoluta, para o Todo, eterno e imutável, a criação do universo, seu crescimento e seu eventual fim (a grande entropia) seriam eventos tão efêmeros que, em sua percepção, seriam irreais e ilusórios. Dentro desse conceito, pode-se concluir que não há nada real, existe apenas o Todo. Fazendo uma analogia, seria como observar o ciclo do astato-215, um isótopo radioativo cuja meia--vida (tempo necessário para que metade dos átomos presentes em uma amostra radioativa se desintegre) é de $10^{-4}$ segundos, um evento tão efêmero que parece não ser real na percepção humana de realidade.

A Verdade Relativa é considerada a realidade como a razão humana a compreende. Apesar de o universo ser irreal e ilusório para o Todo, ele é efetivamente real e material para os seres finitos que o habitam. Da mesma maneira, para a consciência do astato-215, sua efêmera vida é real e material, mesmo sendo praticamente ilusória pela percepção humana.

Outro exemplo interessante é aplicar o Princípio de Correspondência ao Paradoxo Divino. Tudo o que está neste Universo, manifestação da mente do Todo, é real e material na percepção de seus habitantes. Assim, aplicando esse princípio nas manifestações mentais dos indivíduos, por pensamentos, invenção de histórias, encenação e/ou narração de lendas, há a criação de um microuniverso, muitas vezes tão rápido quanto o piscar dos olhos. Mas, para todas as criaturas que habitam esse microuniverso, este seria tão real e material como seu correspondente. Isso leva à reflexão de como os pensamentos podem se materializar e se tornar realidade, pois pelo conceito de Verdade Relativa, em algum nível, eles são reais.

Os hermetistas entendem que, apesar de a matéria ser real na perspectiva humana, ela é irreal e ilusória no contexto do Todo, pois tudo está em movimento, tudo muda. Ao reconhecer a real natureza universal e compreender as Leis Mentais, pode-se aplicá-las com máxima eficiência para sua evolução pessoal e espiritual.

Na Maçonaria, ao reconhecer que a compreensão humana é limitada e não há a possibilidade de conhecer ou controlar tudo, o Obreiro aceita as incertezas da vida e a necessidade de estar aberto a novas perspectivas e experiências. Isso cria nele um senso de humildade e aceitação, reduzindo o estresse e a ansiedade causados pela necessidade de controle total.

Além disso, o Obreiro compreende que não pode entender completamente o G.·.A.·.D.·.U.·., o que o estimula a estudar aquilo que está sob seu controle e alcance, levando-o a explorar novas abordagens e perspectivas.

Em resumo, o paradoxo divino mostra que é preciso humildade para lidar com os mistérios do G.·.A.·.D.·.U.·., reconhecendo que há aspectos da natureza que estão além do alcance da mente humana.

## 2.5 O Todo em Tudo

*"Embora tudo esteja no TODO, é igualmente verdadeiro que o TODO está em tudo. Para aquele que verdadeiramente compreende essa verdade, surge um grande conhecimento."*

(Três Iniciados, *O Caibalion*)

Segundo os princípios herméticos, esse conceito refere-se à ideia de que há uma unidade subjacente e interconectada em toda a criação. O Todo pode ser representado pelo Grande Arquiteto, a fonte primordial do universo, cuja essência está presente em tudo o que existe. Assim, essa essência divina permeia toda a realidade, desde os objetos inanimados até as formas de vida, pois nada existe separado dessa fonte primordial, tudo é parte dela e expressa sua natureza divina de alguma forma.

Essa concepção envolve uma profunda interconexão entre todas as coisas, uma teia de relações e influências que une toda a criação. Isso implica uma reverência pela vida e pela criação, uma compreensão da responsabilidade no que concerne ao ambiente e aos outros seres vivos, além de uma busca pela harmonia e pelo equilíbrio.

Aplicar esse conceito no dia a dia demanda cultivar uma consciência da interconexão e da unidade subjacente em todas as coisas. Ao praticar a empatia, o indivíduo reconhece que todos compartilham a mesma essência divina, ajudando a cultivar a compaixão no que se refere aos demais seres vivos, devendo tratá-los com respeito, gentileza e compreensão. Da mesma forma que ocorre com os seres vivos, a natureza também possui essa conexão com o Todo, assim, deve-se agir de maneira responsável, cuidando do meio ambiente e buscando um equilíbrio sustentável com todas as formas de vida.

Esse conceito também ajuda a cultivar uma profunda gratidão pela vida e pelas experiências vividas ao reconhecer a beleza e a preciosidade de todas as coisas, enriquecendo as vidas dos iniciados e auxiliando a encontrar alegria no momento presente.

Como tudo possui uma origem em comum no Todo, os iniciados herméticos devem buscar a unidade nas relações e nas comunidades, superando divisões e diferenças superficiais e reconhecendo essa conexão fundamental entre todos à sua volta. Ao buscar a unidade, pode-se promover a paz, além da harmonia e da concórdia no mundo ao seu redor.

A Maçonaria preconiza a fraternidade e a unidade entre os irmãos. Ao compreender que o Todo está em tudo, reforça a ideia de que cada Obreiro é uma expressão do divino ou da mente universal, promovendo um sentimento mais profundo de irmandade e pertencimento. Isso incentiva a consideração dos irmãos como partes integrantes de uma totalidade maior, fomentando a harmonia e o apoio mútuo dentro da Ordem.

Compreender esse preceito pode inspirar os Obreiros a buscar a perfeição por meio do desenvolvimento moral e espiritual, uma vez que todos possuem a presença divina dentro de si. Isso pode se refletir em uma prática mais focada e diligente na ritualística, buscando a ordem e a harmonia do Todo na Sessão.

A centelha divina presente em todos os Obreiros os leva a sempre buscar o aprimoramento intelectual e espiritual, por meio da busca da verdade em todos os planos de manifestação. Isso pode promover uma nova abordagem do conhecimento, na qual ciência, filosofia e espiritualidade são consideradas caminhos interligados para a compreensão do Todo.

# 3. Maçonaria

Tanto no mundo profano quanto na Maçonaria, o Princípio de Mentalismo está presente em tudo, em todos os planos de existência, em todos os tempos e em todos locais no espaço. É o mais importante dos princípios herméticos, pois, sem seu domínio, os demais não podem ser compreendidos ou aplicados de maneira apropriada.

Dentro da filosofia hermética, todos os Sete Princípios são considerados igualmente importantes, e a compreensão de cada um deles contribui para uma visão mais abrangente da natureza do universo. No entanto, o Princípio de Mentalismo é destacado como fundamental e central, pois a mente é a principal e mais forte ferramenta; sem seu domínio, o aprendiz não conseguirá entender e praticar os demais princípios.

Ao reconhecer a influência da mente na realidade, os Obreiros podem usá-la conscientemente para moldar suas experiências, a fim de desbastar e esquadrejar sua pedra bruta.

## 3.1 Mentalismo nos Graus Simbólicos

Os três primeiros Graus Simbólicos da Maçonaria são um ótimo exemplo da evolução do Obreiro no Princípio de Mentalismo.

No Grau de Aprendiz, o Obreiro está no início de sua jornada, recém-saído das trevas da ignorância, seguindo lentamente em direção à Luz da Sabedoria. Neste momento, a matéria ainda sobrepuja a mente; a posição do esquadro sobre o compasso mostra exatamente a condição do Aprendiz em relação à sua espiritualidade. As hastes do Compasso, presas sob os ramos do Esquadro, simbolizam a mente humana, ainda subjugada pelos preconceitos e pelas convenções sociais, sem a força necessária para pesquisar e procurar a verdade.

Na Maçonaria Operativa, os Aprendizes desbastavam e esquadrejavam a pedra bruta nos canteiros de obras, removendo arestas e imperfeições utilizando suas ferramentas de trabalho: esquadro, régua, compasso, nível, prumo, malho e cinzel. Séculos depois, a Maçonaria

Especulativa usou o trabalho na pedra bruta como simbolismo do trabalho que todo Aprendiz deve realizar para sua evolução espiritual. O formato irregular e as arestas da pedra representam suas imperfeições, que devem ser removidas e transformadas em virtudes. A superfície rugosa e áspera da pedra bruta não reflete a luz que incide sobre ela, apenas o trabalho árduo do Obreiro a transforma em pedra polida, perfeita e lisa, capaz de refletir toda a luz.

Ao desbastar sua pedra bruta, o Aprendiz começa a construir seu "Templo Interior", aprendendo os fundamentos e os princípios da Maçonaria, aumentando seus conhecimentos e evoluindo pessoal e espiritualmente. À medida que avança em seus estudos, sua mente se fortalece cada vez mais, aproximando-se progressivamente da matéria.

No Grau de Companheiro, o Obreiro transformou sua pedra bruta em pedra polida, e nesse momento, o poder da mente se equiparou ao poder da matéria. Esse grau representa o ponto em que começa a integrar e equilibrar os aspectos físicos e mentais da existência.

Nesta segunda parte da jornada, o Obreiro volta sua atenção para seu "eu" interior em uma jornada de autoconhecimento e reflexão, em que a mente começa a ser reconhecida como igualmente importante, da mesma forma que a matéria. O Companheiro entende que os pensamentos e os processos mentais têm um papel significativo nas mudanças da realidade. Este é o estágio de desenvolvimento no qual se busca a harmonia entre os dois mundos – o visível e o invisível, o tangível e o intangível.

No Grau de Mestre, o Obreiro tem maior compreensão do Princípio de Mentalismo, resultando na mente sobrepujando a matéria. A mente tem o poder de influenciar e moldar a realidade material, uma vez que é a essência fundamental da realidade, a força criativa e organizadora, enquanto a matéria é uma manifestação mental do Todo.

Obedecendo ao Princípio da Correspondência, alterações no Plano Mental podem refletir e manifestar-se no Plano Material. Por exemplo, mudanças na atitude mental e nas crenças podem resultar em alterações perceptíveis na saúde física, nos relacionamentos e nas circunstâncias externas.

Durante essa jornada, o Obreiro deve sempre evoluir, fortalecendo suas virtudes e seu espírito. Assim, os três primeiros Graus Simbólicos da Maçonaria refletem essa evolução no Princípio de Mentalismo. No Grau de Aprendiz, a matéria é maior que a mente; no Grau de Companheiro, elas são equivalentes; e no Grau de Mestre, a mente sobrepuja a matéria.

## 3.2 Abertura da Loja

O Princípio de Mentalismo está presente em praticamente toda a Sessão do Rito Adonhiramita, principalmente na Abertura da Loja, que tem como objetivo preparar o Templo e os Obreiros para receber a luz do G∴A∴D∴U∴ na abertura do Livro da Lei. Toda a ritualística Adonhiramita possui grande simbolismo e alegorias relacionadas com este princípio hermético.

Antes do início da Sessão, o Arquiteto deve abrir o Templo e verificar com a mais escrupulosa atenção se tudo está limpo e arrumado, bem como se o material ritualístico está em ordem e pronto para o início dos trabalhos. À medida que vai preparando tudo com grande zelo e comprometimento, o Arquiteto, mesmo inconscientemente, já está mentalizando uma Sessão perfeita, sem erros ou interrupções. Aqui também se aplica o Princípio de Correspondência, segundo o qual a organização de todo o material gera uma correspondência no estado de espírito dos Obreiros, auxiliando em uma Sessão mais produtiva.

Na entrada dos Obreiros, o Mestre de Cerimônias pede um momento de reflexão aos presentes antes de entrar no Templo. Assim, os problemas profanos devem ficar do lado de fora, permitindo que os Obreiros, com o espírito livre de preocupações e cheio de energias positivas, possam mentalizar uma Sessão repleta de Harmonia e Concórdia.

De acordo com a filosofia hermética, o estado mental de um indivíduo pode influenciar o estado mental dos demais à sua volta. Dessa maneira, o conjunto de Obreiros, sintonizados com o mesmo pensamento, gera uma grande egrégora maçônica, potencializando essas energias positivas e materializando-as em uma Sessão Justa e Perfeita. No entanto, o oposto também é real: se algum irmão não estiver em um dia bom, sua angústia e preocupações podem desequilibrar os demais, prejudicando o bom andamento da Sessão.

Na Cerimônia da Incensação, a cada duto, o Mestre de Cerimônia deve mentalizar "Sabedoria, Força e Beleza", "Justiça", "Memória", "Diligência", "Harmonia", "Liberdade, Igualdade e Fraternidade" e "Paz e Amor", a fim de que os trabalhos transcorram da melhor maneira possível.

No Cerimonial do Fogo, quando o Venerável Mestre e os Vigilantes acendem suas velas, rogando por Sabedoria, Força e Beleza, todos os Obreiros estão mentalizando que esses atributos do G∴A∴D∴U∴auxiliem em uma Sessão rica em conhecimentos e cheia de harmonia.

## 3.3 Egrégora

De acordo com o *Dicionário Online de Português*, a palavra "egrégora" é um substantivo feminino que significa: "força espiritual que resulta da soma das energias mentais, físicas e emocionais provenientes de duas ou mais pessoas reunidas em grupo". Sua origem etimológica vem do termo grego *egrēgoros*, que significa "vigia".

A egrégora é uma entidade psíquica coletiva formada por um grupo de pessoas com um propósito comum, sendo alimentada pela energia mental e emocional dos membros do grupo, crescendo em poder e influência à medida que mais energia é direcionada a ela.

A formação da egrégora e o Princípio de Mentalismo estão intimamente ligados na tradição esotérica, pois ambos ressaltam o poder da mente e da consciência coletiva. Na Sessão, os Obreiros se concentram em um objetivo comum: a obtenção de harmonia, paz e concórdia. Na criação da egrégora, a energia mental coletiva desse grupo é direcionada e focada, criando uma entidade que pode influenciar o comportamento e as emoções de seus membros, além de impactar também no ambiente externo. A egrégora não só reflete a soma das mentes individuais, mas também influencia cada Obreiro, criando um ciclo de *feedback* contínuo.

Quando os Obreiros estabelecem uma intenção clara e focada, canalizam sua energia mental para a egrégora, que então atua como um agente de manifestação dessa intenção no plano físico e psíquico.

No Rito Adonhiramita, rico em simbolismos e alegorias, a ritualística é usada para potencializar a concentração de energia mental dos Obreiros, alimentando e fortalecendo a egrégora.

A compreensão da relação entre egrégora e Princípio de Mentalismo deve ser aplicada para o autodesenvolvimento, incentivando os Obreiros a se tornarem mais conscientes de como seus pensamentos e intenções influenciam a egrégora. Obreiros devem estar sempre vigilantes no que tange a seus pensamentos e energias, pois da mesma forma que pensamentos positivos e harmônicos aumentam a energia da egrégora, pensamentos negativos podem diminuir a até mesmo acabar com ela.

## 3.4 Corrente Fraternal

No Rito Adonhiramita, a Corrente Fraternal é realizada antes do fechamento da Loja, com o Livro da Lei ainda aberto. Para tanto, o Venerável Mestre, ao iniciar a Sessão, já comunica a realização dessa corrente, determinando apenas um objetivo ou apenas um rogo, pois não é prudente a diversificação de objetivos. Dividir a força mental em vários pedidos enfraquece a cadeia e, possivelmente, diminui sua eficácia.

Seguindo o mesmo conceito da egrégora, ao formarem a Corrente Fraternal, os Obreiros, de mãos dadas, mentalizam e rogam ao G.'.A.'.D.'.U.'. que suas vibrações positivas alcancem os objetivos desejados.

# 4. Conclusões

A integração entre o Princípio de Mentalismo e a Maçonaria oferece uma abordagem poderosa para interpretar e enriquecer suas práticas e ensinamentos. Compreender que a mente é a força criativa por trás do universo reforça a importância do pensamento positivo, da intenção consciente e do autodomínio na vida maçônica e profana. Esta perspectiva filosófica não apenas fortalece a jornada espiritual dos Obreiros, mas também promove uma fraternidade mais coesa e harmoniosa, na qual cada membro contribui para o bem-estar coletivo e a realização de objetivos comuns.

# Capítulo 4

# O PRINCÍPIO DE CORRESPONDÊNCIA

"O que está em cima é como o que está embaixo,
e o que está embaixo é como o que está em cima."
(Os Três Iniciados, *O Caibalion*)

## 1. A Correspondência

### 1.1 Conceito

De acordo com o *Dicionário Online de Português*, a palavra "correspondência" é um substantivo feminino que significa: "ato ou efeito de corresponder, de apresentar relação com outra coisa, reciprocidade"; "relação de conformidade ou concordância entre uma coisa e outra, entre uma pessoa e outra, correlação".

Correspondência é o termo que se refere à relação ou à concordância entre diferentes partes de um sistema, em que a harmonia ou congruência é essencial para o funcionamento adequado. Também pode se referir à adequação ou à compatibilidade entre dois ou mais elementos, como habilidades correspondentes a um trabalho específico, interesses correspondentes a uma atividade ou preferências correspondentes a um determinado estilo.

Na Matemática, correspondência refere-se à relação entre dois conjuntos, em que cada elemento do primeiro está associado a exatamente um elemento do segundo, e vice-versa. É uma relação funcional na qual todos os elementos de um conjunto estão emparelhados de forma única com os elementos de outro, sem sobrar ou faltar associações. Por exemplo, o conjunto A possui números de 1 a 23, e o conjunto B possui as 23 letras do alfabeto; a correspondência entre os dois conjuntos pode ser representada por pares ordenados, em que "1" corresponde a "A", "2" a "B", "3" a "C", e assim por diante.

Na Linguística, correspondência pode se referir à equivalência entre sons ou grafemas em diferentes línguas ou dialetos. Por exemplo, um som em uma língua pode corresponder a um som diferente em outra, mas ainda assim ter a mesma função fonológica.

Na Anatomia Comparada, pode se referir à homologia, que é a relação entre estruturas que são semelhantes em virtude da ancestralidade comum. Por exemplo, a correspondência entre os ossos das asas de um pássaro e os do membro superior humano.

Na Filosofia, especialmente na teoria do conhecimento, é a relação entre uma crença ou proposição e a realidade objetiva. A teoria da verdade como correspondência sugere que uma declaração é verdadeira se corresponder aos fatos ou ao estado das coisas no mundo.

## 1.2 Esoterismo e Misticismo

No Esoterismo, a correspondência refere-se à crença de que existe uma relação simbólica ou metafísica entre diferentes elementos do universo. De acordo com a teoria das correspondências, há uma conexão intrínseca entre os reinos espiritual, mental e físico, e cada elemento nesses reinos reflete ou influencia os outros. Isso significa que certos símbolos, objetos, cores, números, planetas, sons e outras entidades têm significados simbólicos interligados em um sistema universal de correspondências.

Na Astrologia, acredita-se que a posição dos corpos celestes (planetas, satélites, estrelas e constelações) tem uma correspondência direta com eventos terrestres e características individuais. Os mapas astrais e as previsões zodiacais utilizam esse princípio para determinar a personalidade e o destino das pessoas.

No Tarô, cada uma das lâminas, principalmente os arcanos maiores, é repleta de simbolismos e alegorias que correspondem a arquétipos universais e estados de consciência. Cada uma possui múltiplos significados que correspondem a diferentes aspectos da vida e do desenvolvimento espiritual do indivíduo.

Na Alquimia, a correspondência é um conceito que está intimamente ligado à ideia de que o macrocosmo (o universo) reflete no microcosmo (o indivíduo) e vice-versa. Ou seja, fenômenos naturais observados no universo também estão presentes no microcosmo interior de cada indivíduo.

Os alquimistas também acreditavam que cada elemento físico tinha um correspondente simbólico e espiritual. Os quatro elementos da natureza, terra, ar, fogo e água, não eram apenas entendidos como substâncias físicas, mas também como princípios metafísicos ou simbólicos presentes no mundo espiritual e mental. A transformação alquímica era vista como um processo de purificação e transmutação desses elementos em direção à perfeição espiritual.

Outro preceito alquímico enfatizava a importância dos opostos complementares, como o Sol e a Lua, o masculino e o feminino, o enxofre e o mercúrio, considerados fundamentais para o equilíbrio e a harmonia no universo.

## 2. O Princípio de Correspondência

O Princípio de Correspondência preconiza que há uma harmonia, uma correlação e uma correspondência entre todos três planos de manifestação: Físico, Mental e Espiritual. No entanto, deve-se lembrar que essa correspondência não quer dizer que as leis não são iguais nos três planos de existência, mas similares, correspondentes. A professora Lúcia Helena Galvão, em seu livro *Para Entender O Caibalion: a Vivência da Filosofia Hermética e Sua Prática nos Dias de Hoje*, faz uma ótima analogia sobre o tema: no Plano Material, alguns alimentos não devem ser consumidos sob o risco de causarem mal para o corpo e, consequentemente, para a saúde; da mesma forma, no Plano Mental, algumas ideias ou pensamentos não devem ser "consumidos" pela mente, sob o risco de a pessoa tornar-se um indivíduo desiquilibrado e mentalmente instável.

Essa divisão da existência em três planos é puramente didática, uma vez que eles não possuem delimitação clara que indique onde termina um e começa o outro. O Princípio de Correspondência está intimamente ligado ao Princípio de Vibração, pois, de acordo com os preceitos herméticos, os diferentes planos nada mais são do que diferentes graus vibracionais da Manifestação Vital. O ponto mais baixo de vibração é a Matéria, enquanto o ponto mais alto de vibração é o Espírito. Esses planos podem ser subdivididos em sete subplanos, que, por sua vez, também são divididos em outros sete planos menores. Desse modo, de acordo com a filosofia hermética, ao todo, há 147 planos de manifestação no universo.

Os planos estão presentes em tudo e em todos, e o que determina sua posição é o nível de consciência que cada ser ou objeto tem sobre esses planos. Por exemplo, o chumbo é um metal que possui esses três planos dentro de si, mas sua consciência não permitiu chegar aos planos mais elevados, permanecendo apenas no Plano Material, conseguindo se manifestar apenas de forma física. A grande maioria dos seres humanos, com maior nível de consciência, chegou até o Plano Mental. Somente alguns poucos ultrapassaram as limitações humanas e conquistaram estado vibracional que lhes permitiu chegar ao Plano Espiritual.

Esses planos existem para que tudo tenha a oportunidade de evoluir, desde objetos inanimados até os seres vivos, incluindo a humanidade. Na Alquimia, o chumbo pode ser transmutado em ouro apenas alterando seu estado vibracional, pois esses metais possuem número atômico muito próximo, com apenas dois átomos de diferença, tornando essa transmutação, pelo menos em teoria, mais factível.

## 2.1 Plano Material

O Plano Material inclui todos os fenômenos relacionados às forças e às manifestações físicas ou energéticas, pois, para os hermetistas, todos esses elementos são constituídos de matéria, apenas com estados vibracionais diferentes.

O subplano mais inferior, o Plano da Matéria (A), possui estado vibracional muito baixo e corresponde à matéria em sua forma sólida, líquida ou gasosa. Os elementos da tabela periódica estão nesse plano, bem como todas as substâncias formadas pela união desses componentes.

Os dois subplanos seguintes correspondem a estados ainda não totalmente explicados pela ciência moderna. O Plano da Matéria (B) representa formas sutis, como a matéria radiante, cuja explicação mais próxima desse estado da matéria é o conceito de "corpo sutil", presente tanto em tradições ocidentais quanto orientais, que o considera um aspecto corpóreo "quase material" entre corpo e mente. Já o Plano da Matéria (C) consiste na matéria mais sutil e tênue, que talvez possa se enquadrar em uma evolução desse "corpo sutil".

O quarto subplano, o Plano da Substância Etérea, é o éter, substância de extrema tenuidade e elasticidade que penetra todo o Universo, agindo como mediador para a transmissão de ondas de energia e sendo o elo entre matéria e energia. A ciência moderna relaciona o éter com a matéria escura, uma forma postulada de matéria que não interage com a matéria comum nem consigo mesma, apenas gravitacionalmente.

Os três subplanos seguintes estão no campo das energias. O Plano da Energia (A) corresponde às manifestações de energias mais simples e comuns, como luz, calor, eletricidade, magnetismo, gravidade, etc. O Plano da Energia (B) representa as forças sutis que agem em fenômenos mentais, como telepatia, telecinese, projeção astral, mediunidade, etc., muito estudados pela Parapsicologia, mas que ainda não são explicados pela ciência atual. O Plano da Energia (C) é a energia muito organizada que serve à vida, podendo ser considerada a Energia Vital de tudo o que existe no universo, responsável por unir corpo, mente e espírito, sendo utilizada pelos seres do Plano Espiritual.

## 2.2 Plano Mental

O Plano Mental compreende todas as formas de pensamento, tanto as presentes na vida mundana e ordinária quanto as mais sutis e misteriosas, estudadas e praticadas por ocultistas e esotéricos. Esse plano pode ser dividido em Plano da Mente Mineral, Plano da Mente Vegetal, Plano da Mente Animal e Plano da Mente Hominal. Entre esses planos, estão os Planos da Mente Elemental, invisíveis aos olhos e responsáveis por auxiliar na evolução até um plano imediatamente superior.

A Mente Mineral é a mais próxima do Plano Material e está presente em tudo. É a evidência de que tudo tem mente, espírito e vida, mas com sua manifestação diferindo apenas no grau vibracional. Todos os átomos, moléculas, substâncias e corpos possuem seus amores e ódios, semelhanças e diferenças, atrações e repulsões. No entanto, essa mente não é perceptível para a maior parte da humanidade, pois está em um grau vibracional muito baixo.

O Plano da Mente Elemental (A) é composto por entidades desconhecidas pelo mundo mundano, mas reconhecidas por ocultistas e esotéricos, responsáveis por auxiliar a Mente Mineral a se tornar Mente Vegetal.

A Mente Vegetal está relacionada à interação com todos os tipos de energias universais, controlando sua percepção, absorção, armazenamento e canalização. Cristais são mais evoluídos que pedras, pois possuem a característica esotérica de absorver e canalizar essas energias. Pessoas que têm o dom de cuidar de plantas, ou o dom de entender e se comunicar com animais, possuem a Mente Vegetal com maior vibração que a das demais ao seu redor. Esses indivíduos, além de possuírem energias positivas superiores, também têm uma percepção mais aguçada das energias emanadas de outros seres.

O Plano da Mente Elemental (B) é formado por seres que ajudam na evolução da Mente Vegetal para a Mente Animal, podendo ser materializados pela Mente Coletiva como seres místicos e folclóricos, como fadas, gnomos, *yokais*, etc.

A Mente Animal é a mais fácil de reconhecer, pois faz parte da vida cotidiana de toda a humanidade e dos demais seres vivos. Corresponde às emoções mais instintivas, que a neurociência moderna denomina de sistema límbico, unidade responsável pelas emoções básicas (raiva, medo, ansiedade, alegria, etc.) e pelos comportamentos motivados (procura por pares, parceiros, alimento, água, etc.), responsáveis pela sobrevivência do indivíduo e pela perpetuação da espécie.

O Plano da Mente Elemental (C) são os seres elementais, muito poderosos e considerados forças da natureza, como os espíritos do Ar, da Terra, da Água e do Fogo (os quatro elementos da natureza, muito utilizados pelos alquimistas). Interessantemente, quando chega o último dos sete planos menores, os elementais não possuem mais influência no homem, dando lugar ao livre-arbítrio humano.

A Mente Hominal, ou Humana, compreende as manifestações da vida e da mentalidade comuns ao Homem, nos seus vários graus e divisões. São as emoções superiores, que suplantam as emoções instintivas, como amor e indiferença, afeição ou repúdio, cognição, aprendizagem; também correspondem às tomadas de decisões baseadas nas estratégias sociais. Nessa mente, há uma enorme variação de complexidade, refletida nos seus sete planos menores. A maior parte da humanidade está no quarto ou quinto desses planos menores, sendo que o sexto é representado apenas pelos grandes sábios e estudiosos que compartilham seus conhecimentos com a humanidade. Já as mentes que chegam ao sétimo grau correspondem aos predestinados, os messias, que lideraram milhares e ajudaram na evolução humana.

## 2.3 Plano Espiritual

O Plano Espiritual é o mais poderoso e misterioso, sendo praticamente inacessível à humanidade. Corresponde a estados mais elevados do Ente, da Vida e do Espírito, além da compreensão humana, que ainda está presa ao quarto ou quinto plano menor da Mente Hominal. Fazendo uma analogia com o conhecimento da ciência moderna, seria como tentar explicar física quântica a uma ameba, ou tentar descrever a luz e as cores a alguém que nasceu cego. Esse plano compreende os seres que possuem a Vida, a Mente e a Forma acima das do Homem atual, que transcenderam além da Matéria, tornando-se seres de pura energia espiritual.

No Plano Espiritual (A), o mais baixo dos sete Planos Espirituais, vivem as grandes almas que chamamos de Mestres e Adeptos, os quais ultrapassaram a condição humana, como Hermes Trismegisto.

No Plano Espiritual (B) estão as Grandes Hierarquias das Hordas Angelicais. Os demais planos (de C a G) correspondem aos deuses, tão elevados na escala da existência que são inefáveis na compreensão humana, sendo que a única descrição seria o Divino. Esses entes estendem sua influência sobre o processo da Evolução e do Progresso Universal.

Interessantemente, os seres do Plano Espiritual (G), apesar de estarem no ápice da manifestação universal, ainda são criações mentais do Todo, estando sujeitos às mesmas leis universais que regem os planos material e mental.

O Princípio de Correspondência mostra que todos os planos de manifestação, desde o Plano da Matéria (A) até o Plano Espiritual (G), estão sujeitos a todos os Sete Princípios Herméticos. O Princípio de Mentalismo aplica-se a todos os planos, uma vez que tudo nasceu da Mente do Todo. O Princípio de Vibração mostra que a verdadeira diferença entre os planos está nos vários graus de vibração. O Princípio de Polaridade manifesta-se em todos os planos, uma vez que os dois polos, apesar de parecerem opostos e contraditórios, possuem a mesma natureza. O Princípio de Ritmo também se manifesta em todos os planos por meio dos movimentos rítmicos e cíclicos, como fluxo e refluxo. O Princípio de Causa e Efeito mostra que tudo tem uma causa e que toda causa gera um efeito, independentemente do plano de manifestação. Por fim, o Princípio de Gênero manifesta-se como a Energia Criadora operando pelos aspectos Masculinos e Femininos, desde a Matéria até o Espírito.

# 3. Maçonaria

Na Maçonaria, o Princípio de Correspondência pode ser aplicado por meio da interconexão entre os ensinamentos simbólicos e filosóficos da Ordem e a vida dos Obreiros, baseando-se na ideia de correspondências entre diferentes planos de existência e aspectos do ser humano. O Obreiro deve compreender que os padrões de sua vida no Plano Material refletem nos planos de manifestação Mental e Espiritual.

## 3.1 Plano Material

Aplicar o Princípio de Correspondência no plano material na Maçonaria envolve reconhecer e agir de acordo com as conexões e reflexões entre diferentes aspectos da vida.

Na comunicação, tanto dentro quanto fora da Loja, o Obreiro deve praticar a escuta ativa em suas interações, demonstrando atenção e empatia para criar uma correspondência positiva entre suas intenções internas e a qualidade dos relacionamentos. Também deve ser honesto e aberto, pois a transparência e a autenticidade refletem a integridade e a harmonia interna.

Ao praticar a gratidão regularmente, o Obreiro cria uma correspondência entre uma atitude positiva e a atração de mais experiências positivas. Da mesma maneira, realizar atos de bondade e compaixão, mesmo que pequenos, pode criar um ciclo de energia positiva que beneficia todos ao seu redor.

Com relação aos trabalhos da Ordem, sejam eles dentro ou fora da Loja, o Venerável Mestre e seus oficiais devem estabelecer prioridades claras e concentrar-se nas tarefas mais importantes, pois a correspondência entre foco mental e produtividade maximiza o uso do seu tempo e recursos. Também devem cuidar do espaço físico do Templo, mantendo-o sempre organizado e arrumado, desapegando-se de itens desnecessários ou quebrados. Um espaço físico saudável e confortável reflete uma mente clara e organizada, essencial para o bom andamento dos trabalhos.

No Rito Adonhiramita, o Templo se encontra na penumbra no início da Sessão, propiciando um ambiente favorável para a reflexão e a introspecção. No Cerimonial do Fogo, as luzes são acesas, criando uma correspondência que aumenta a energia e o foco dos Obreiros, tirando-os do estado de meditação e preparando-os para o trabalho.

Antes do início de cada Sessão, o Arquiteto deve preparar e organizar todo o material litúrgico, bem como se assegurar de que tudo está devidamente em seus respectivos lugares. Seguindo o Princípio de Correspondência, o Templo minuciosamente arrumado para a Sessão no Plano Material vai influenciar os Planos Mental e Espiritual. Os Obreiros estarão com as mentes limpas e organizadas, livres dos problemas do mundo profano, bem como seus espíritos estarão vibrando com energias positivas, serenas e harmoniosas.

Toda essa preparação, nos três planos de manifestação, será a responsável pela formação de uma grande egrégora que propiciará o ambiente adequado para a Loja receber a Luz da Sabedoria do G.·.A.·.D.·.U.·. por meio da abertura do Livro da Lei.

## 3.2 Plano Mental

Aplicar o Princípio de Correspondência no Plano Mental envolve a prática consciente de técnicas e hábitos que alinhem os pensamentos, as emoções e as convicções com as experiências dentro ou fora do Templo maçônico.

Um dos preceitos da Maçonaria é o estudo constante. Assim, os Obreiros devem estudar assuntos que desafiem suas crenças e convicções para criar correspondências com uma mente mais aberta e informada. Ao adquirir novas habilidades e conhecimentos, fortalece-se a correspondência entre o desenvolvimento intelectual e a capacidade de enfrentar desafios.

O estado mental dos Obreiros cria uma forte correspondência sobre as circunstâncias externas, principalmente no andamento da Sessão. No Rito Adonhiramita, a abertura da Loja propicia um ambiente favorável para reflexão, focando os pensamentos dos Obreiros na ritualística, elevando suas vibrações e energias, o que reflete em uma Sessão harmoniosa e produtiva. O Venerável Mestre e oficiais devem estar constantemente atentos para que as vibrações não diminuam, pois podem prejudicar a egrégora e, consequentemente, o bom andamento dos trabalhos.

Na Maçonaria, desbastar e esquadrejar a pedra bruta são metáforas poderosas para o processo de autoconhecimento, disciplina e evolução moral e espiritual. Ao remover as imperfeições e arestas, o Obreiro refina seu caráter e sua mente, transformando-se em uma pedra polida, que se encaixa perfeitamente às outras, formando uma base sólida.

Ao aprimorar seus pensamentos, atitudes e comportamentos, o Obreiro contribui para a melhoria do mundo ao seu redor, pois a paz, a harmonia e a integridade alcançadas internamente se refletem nas suas interações na sociedade. Isso destaca que, ao transformar seu microcosmo, cria-se uma correspondência que melhora sua realidade externa, o macrocosmo.

## 3.3 Plano Espiritual

Aplicar o Princípio de Correspondência no Plano Espiritual da Maçonaria envolve integrar práticas e atitudes que harmonizem a vida espiritual com as experiências dentro e fora da Loja. Ao reconhecer e nutrir as conexões entre nossos pensamentos, emoções, ações e a dimensão espiritual, pode-se criar uma vida mais equilibrada, consciente e espiritualmente enriquecida.

O Obreiro deve aproveitar os momentos de maior reflexão da ritualística para promover seu autoconhecimento, a fim de alinhar a mente e o espírito, criando uma correspondência entre a paz interior e a clareza externa. Além disso, é essencial reservar um tempo em sua vida profana para reflexão, contemplação espiritual, conexão com a natureza, práticas de autoaperfeiçoamento, leitura e estudo.

O sentimento de gratidão é importante para uma conexão contínua com o divino, reforçando a correspondência entre gratidão e abundância espiritual. O Obreiro também deve ser grato pelos desafios e percalços, reconhecendo o crescimento espiritual que eles proporcionam.

A Maçonaria sempre encorajou o estudo constante para a evolução pessoal e espiritual. A leitura de textos sagrados ou filosóficos aprofunda o entendimento espiritual, criando uma correspondência entre o conhecimento espiritual e a aplicação prática.

A filantropia também é um dos alicerces da Ordem. Atos de solidariedade refletem virtudes espirituais, como caridade, empatia, compaixão e generosidade, criando uma correspondência entre ações espirituais e impacto positivo no mundo.

No Rito Adonhiramita, a Cerimônia de Incensação e o Cerimonial do Fogo são momentos de introspecção e conexão, potencializados pelo uso de incenso e velas, que criam uma atmosfera sagrada e promovem a correspondência entre o ambiente físico e o estado espiritual.

## 3.4 Os Quatro Elementos

A Maçonaria incorpora os quatro elementos da natureza (água, fogo, terra e ar), que possuem correspondências simbólicas com diferentes aspectos e estágios do desenvolvimento humano. Esta visão rica e simbólica pode fortalecer as práticas espirituais, harmonizando mundo natural e seu mundo espiritual. A tabela a seguir mostra as correspondências de cada elemento nos diferentes planos no processo de evolução pessoal e espiritual do Obreiro.

Esses elementos não apenas influenciam seus planos específicos, mas também refletem e se conectam aos outros planos. Por exemplo, a estabilidade física (terra) pode promover a clareza mental (ar) e o equilíbrio da paixão espiritual (fogo).

Alinhado ao Princípio de Ritmo, a cada ciclo que o Obreiro completa em sua vida, maçônica ou profana, sua percepção e vibração mudam em razão dos novos aprendizados e das novas experiências. Ao ser exposto novamente aos elementos, as percepções e os entendimentos se transformam, refletindo uma correspondência mais profunda e complexa.

| Tabela 4 – Conexão e inter-relação entre os Elementos da Natureza e a Evolução do Obreiro | | | |
|---|---|---|---|
| | **Plano Material** | **Plano Mental** | **Plano Espiritual** |
| Água | Simboliza a fluidez, a adaptabilidade e a purificação. Pode ser vista como a necessidade de manter o corpo hidratado, a importância da limpeza e a adaptação às mudanças. | Representa as emoções, os sentimentos e a intuição. A evolução mental envolve a capacidade de entender e gerir as emoções, ser flexível nas situações e confiar na intuição para guiar decisões. | Simboliza a purificação e a renovação. A evolução espiritual inclui a purificação da alma e a busca pelo crescimento espiritual. |
| Fogo | Simboliza a energia, a ação e a transformação. É representado pela vitalidade, pelo exercício físico e pela capacidade de transformar ideias em ações concretas. | Representa a paixão, a vontade e a criatividade. A evolução mental envolve a capacidade de manter a paixão e a motivação, a força de vontade para superar desafios e a criatividade para encontrar soluções inovadoras. | Simboliza a iluminação e a purificação. A evolução espiritual inclui a busca pela iluminação, o uso da energia espiritual para purificar a alma e a transformação interior por meio do autoconhecimento e da prática espiritual. |
| Ar | Simboliza o movimento, a comunicação e a liberdade. Representa a importância da respiração, da comunicação e da movimentação física. | Representa os pensamentos, as ideias e a clareza. A evolução mental envolve a capacidade de ter pensamentos claros, comunicar-se efetivamente e ser aberto a novas ideias e perspectivas. | Simboliza a sabedoria e a conexão com o divino. A evolução espiritual inclui a busca pela sabedoria, a elevação da mente e a conexão com o plano espiritual por meio da meditação e da contemplação. |
| Terra | Simboliza a estabilidade, a nutrição e a fundação. Representa a necessidade de uma base sólida, como a saúde física, a nutrição adequada e a segurança material. | Representa a praticidade, a disciplina e a realidade. A evolução mental envolve a capacidade de ser prático, disciplinado e ter uma compreensão realista do mundo e de si mesmo. | Simboliza o crescimento e a conexão com a natureza. A evolução espiritual inclui o crescimento constante, a conexão com a natureza e a valorização das experiências como parte da jornada espiritual. |

# 3.5 Construção do Templo Interior

A construção do Templo Interior é um simbolismo muito utilizado na Maçonaria, intimamente ligado ao Princípio de Correspondência, envolvendo os três planos de manifestação. Essa alegoria representa o desenvolvimento pessoal e espiritual do Obreiro, utilizando a metáfora da edificação de um templo físico para descrever a transformação interior.

Na Maçonaria Operativa, a construção de um templo físico envolve planejamento, fundações sólidas, trabalho cuidadoso e uso de materiais adequados, como o esquadro, o compasso e o nível. Na Maçonaria Especulativa, corresponde aos esforços concretos que o Obreiro deve empreender, como disciplina, aprendizado contínuo e ações éticas. Essas virtudes e princípios são essenciais e devem ser cultivados durante todo o seu desenvolvimento.

No Plano Mental, implica a estruturação de pensamentos e crenças de forma organizada e harmoniosa, por meio da introspecção, da autoconsciência e do cultivo de uma mente equilibrada e racional. Assim como um arquiteto planeja a construção de um edifício, o Obreiro planeja sua jornada de desenvolvimento pessoal, estabelecendo objetivos, cultivando virtudes e superando vícios e fraquezas.

No Plano Espiritual, o Obreiro deve edificar uma conexão profunda com o G∴A∴D∴U∴, a fim de se integrar harmoniosamente com o universo. Assim como um templo físico é um local sagrado de adoração e conexão com o divino, o Templo Interior é um espaço onde se buscam a iluminação espiritual, o entendimento profundo das leis universais e a união com o princípio criador.

Esses três planos de manifestação estão interconectados e devem ser trabalhados de forma concomitante para a construção de um templo efetivo. Utilizar o Princípio de Correspondência permite que o Obreiro observe a interligação e a integração dos processos materiais, mentais e espirituais. A limpeza e a organização do ambiente físico podem ser práticas que refletem a organização mental e espiritual, uma vez que o aperfeiçoamento em um plano influencia e beneficia os demais planos.

# 4. Conclusões

O Princípio de Correspondência na Maçonaria serve como uma ponte entre o esotérico e o prático, o simbólico e o real. Esse princípio, resumido na máxima: "O que está em cima é como o que está embaixo", sugere que há uma relação refletiva entre diferentes níveis de existência – o microcosmo (o indivíduo) e o macrocosmo (o universo). Ao reconhecer e aplicar esse princípio, o Obreiro não só evolui, alcançando a iluminação espiritual e moral, mas também manifesta esses ideais em todos os planos de manifestação.

## Capítulo 5

# O PRINCÍPIO DE VIBRAÇÃO

*"Nada está parado, tudo se movimenta, tudo vibra."*
(*O Caibalion*)

# 1. A Vibração

## 1.1 Conceito

De acordo com o *Dicionário Online de Português*, a palavra "vibração" é um substantivo feminino que significa: "ato ou efeito de vibrar, de estremecer, de alterar o equilíbrio de algo"; "movimento de vaivém, de oscilação de uma partícula, que se divide em dois tipos, o natural e o artificial: um terremoto causa uma vibração natural"; "movimento do que trepida, estremece, vibra; balanço, oscilação"; "agitação de algo que palpita, pulsa, rápida e vibrantemente; pulsação".

A vibração é um fenômeno físico no qual um objeto se move para a frente e para trás em torno de uma posição central de equilíbrio, que é o ponto em que o objeto está em repouso, sem nenhum movimento líquido. É uma das formas comuns de movimento na natureza e pode ser observada em várias escalas, de partículas subatômicas a grandes construções e, até mesmo, corpos celestes. Pode ser gerada por várias fontes, incluindo ondas sonoras, terremotos, máquinas e dispositivos eletrônicos.

Na Física, é qualquer movimento que se repete, regular ou irregularmente, dentro de um intervalo de tempo. Quando um objeto vibra, ele passa por um ciclo de movimento repetitivo, geralmente caracterizado por três elementos principais: amplitude, frequência e período.

- **Amplitude:** Extensão máxima do deslocamento do objeto a partir de sua posição de equilíbrio; é a distância máxima em que o objeto se move para a frente e para trás durante a vibração.
- **Frequência:** É o número de ciclos de vibração completos que ocorrem em um segundo e é medido em Hertz (Hz). Uma frequência mais alta indica que o objeto está se movendo para a frente e para trás mais rapidamente, enquanto uma frequência mais baixa indica um movimento mais lento.
- **Período:** É o tempo necessário para que um ciclo completo de vibração ocorra. É o inverso da frequência e expresso em segundos por ciclo.

A vibração pode ter efeitos significativos em objetos e estruturas. Por exemplo, em sistemas mecânicos, a vibração excessiva pode levar à fadiga e à falha do material ao longo do tempo. Em contraste, a vibração controlada é usada em várias aplicações, como na produção de sons em instrumentos musicais e na tecnologia de ultrassom em aplicações médicas.

## 1.2 Esoterismo e Misticismo

No esoterismo, o conceito de vibração é frequentemente associado a um estado energético sutil que permeia todo o universo, e influencia a consciência e o comportamento humano. A ideia central é que tudo no universo, incluindo objetos, seres humanos e pensamentos, emite uma frequência específica de energia que pode ter efeitos diretos em tudo ao seu redor.

A teoria das vibrações no esoterismo se alinha com a ideia de que frequências vibracionais distintas correspondem a diferentes estados de consciência e níveis de realidade. Por exemplo, a crença em vibrações mais elevadas geralmente está associada a estados de consciência expandidos, alta espiritualidade e compaixão, enquanto vibrações mais baixas podem estar relacionadas a emoções negativas, pensamentos destrutivos e desarmonia.

A vibração também pode estar ligada à qualidade e à natureza da energia que circula ao redor do indivíduo. A elevação dessa vibração pessoal pode resultar em um estado de consciência superior. A prática de elevar essa vibração espiritual muitas vezes envolve atividades como meditação, afirmações positivas, visualização criativa, música terapêutica, conexão com a natureza e adoção de estilos de vida saudáveis. Acredita-se que essas práticas possam promover um estado de harmonia interior, paz, alegria e conexão espiritual mais profunda.

No misticismo, o conceito de vibração está associado à ideia de ressonância espiritual e alinhamento com as forças cósmicas do universo. Acredita-se que ao sintonizar as próprias vibrações com as vibrações mais elevadas do universo, é possível atrair energia positiva, harmonia e equilíbrio.

# 2. O Princípio de Vibração

O Princípio de Vibração preconiza que nada no Universo está realmente parado, tudo está em movimento, tudo vibra, tudo circula. De acordo com os ensinamentos herméticos, e obedecendo ao Princípio de Correspondência, as manifestações de Matéria, Mente e Espírito são, na verdade, variações na escala de intensidade, modo e velocidade da vibração. Quanto mais elevada for a vibração, mais elevada será sua posição na escala de manifestação (Matéria → Mente → Espírito).

O Todo possui vibração infinitamente rápida e intensa, de modo que, aos olhos mortais, aparenta estar imóvel e inerte. Assim, novamente pelo Princípio de Correspondência, a manifestação material mais inferior, por possuir vibração tão lenta e fraca, também aparenta estar parada. Relacionando esse preceito ao Princípio de Polaridades, entre esses dois polos vibracionais opostos e extremos, há infinitas variações de estados vibracionais.

No Plano Material, tudo vibra, se movimenta e circula, desde um *quark*, a menor partícula de que se tem conhecimento na natureza, até o multiverso, termo que os cientistas usam para descrever a ideia de que, além do universo conhecido, há uma miríade infinita de outros universos. De acordo com essa teoria, cada um desses universos está separado um do outro em virtude de suas diferenças vibracionais.

Quanto mais rápida e intensa é a vibração, diferentes tipos de energias começam a ser emanadas. De acordo com o Hermetismo, luz, calor, magnetismo e eletricidade são formas de movimento vibratório provavelmente emanadas pelo Éter. De acordo com os filósofos da Grécia antiga, o Éter é o quinto elemento, que não existiria na Terra, estando presente apenas no espaço. Ele seria o elemento de ligação entre o mundo divino e a Terra.

O plano de manifestação mental está relacionado com o pensamento, a emoção, o raciocínio, a vontade, o desejo ou qualquer outro comportamento, condição ou estado mental. Cada um tem seu grau vibracional específico.

O Plano Espiritual é o mais elevado estado vibracional, sendo constituído de indivíduos iluminados, anjos, arcanjos e deuses. Desde sua iniciação, o estudante do Hermetismo tem a obrigação constante de se aperfeiçoar pessoal e moralmente, sempre procurando vibrar de maneira mais rápida e intensa, aproximando-se o máximo possível desse plano superior.

O conhecimento e a aplicação do Princípio de Vibração permitem ao iniciado reconhecer seus padrões de vibrações, utilizando-os ou suprimindo-os a seu favor. Os mestres possuem o conhecimento necessário para alterar o estado vibracional do Universo ao seu redor, em todos os planos de manifestação. Relatos herméticos mostram que eles podem alterar o Plano Material de acordo com sua vontade, realizando feitos incríveis, como a transmutação de metais ou alterações climáticas. O fenômeno da telepatia nada mais é que a aplicação deste princípio para alterar o estado vibracional de outro indivíduo, promovendo mudanças comportamentais e emocionais no Plano Mental.

Alguém em um estado vibracional forte e intenso pode influenciar, positiva ou negativamente, o Espírito de todos os indivíduos ao seu redor, desde que tenham níveis vibracionais inferiores ao dele.

# 3. Maçonaria

Assim como os demais princípios herméticos, o Princípio de Vibração possui grande importância na Maçonaria. Os estados vibracionais, além de permitir que a Harmonia, a Paz e a Concórdia reinem nas sessões maçônicas, também são responsáveis pela evolução pessoal e espiritual dos Obreiros.

Essas vibrações podem ser físicas, manifestando-se no Plano Material, como a música, a iluminação, o som do bater de palmas ou o estalar dos dedos; ou podem ser esotéricas, como as energias emanadas de cada irmão. Independentemente de sua natureza, essas vibrações influenciam os Planos Material, Mental e Espiritual, auxiliando na formação da egrégora entre os Obreiros.

## 3.1 Música

De acordo com o *Dicionário Online de Português*, a palavra "música" é um substantivo feminino que significa: "combinação harmoniosa de sons ou combinação de sons para os tornar harmoniosos e expressivos"; "execução de uma composição musical, por diversos meios"; "ação de se expressar através de sons, pautando-se em normas que variam de acordo com a cultura, sociedade, etc."; "ato de entender ou de interpretar uma produção musical"; "reunião de quaisquer sons provenientes da voz, de instrumentos, que possuam ritmo, melodia e harmonia". Sua origem etimológica vem do termo grego *musiké*, o qual está associado à *mousa*, que está relacionada à força artística das Musas, as nove filhas de Mnemósine e Zeus, responsáveis por inspirar a criação artística ou científica.

A música desempenhou um papel fundamental nas civilizações humanas ao longo da história, sendo multifacetada e abrangendo diversas áreas da vida humana, incluindo cultura, sociedade, emoções e cognição. Na Antiguidade, era uma das Sete Artes Liberais, fazendo parte do *Quadrivium*, juntamente à Aritmética, à Geometria e à Astronomia.

Desde os tempos antigos, a música tem sido uma parte essencial de celebrações e festividades. É uma importante forma de expressão cultural que reflete as tradições, os valores e as identidades de diferentes grupos étnicos e sociais. Transcende barreiras linguísticas e serve como uma linguagem universal, criando conexões entre indivíduos e comunidades de diferentes origens e culturas.

Na Maçonaria, a música se faz presente em todas as sessões, sejam elas Ordinárias, Brancas ou Magnas. Dentre os diversos cargos em Loja, tem-se o Mestre de Harmonia, que é o responsável pela seleção das melodias a serem reproduzidas durante a Sessão. Dessa maneira, possui papel imprescindível no controle das vibrações da Loja e dos Obreiros.

O Mestre de Harmonia também tem o dever de estar sempre atento para reconhecer o padrão vibracional da Loja e dos Obreiros em todos os momentos da Sessão. Após discussões acaloradas, nas quais as vibrações de discórdia e descontentamento estão intensas, ele deve contrabalancear com músicas que tragam vibrações pacíficas e alegres, dissipando as energias negativas e as substituindo por energias positivas, restaurando a harmonia entre os irmãos. Se a Loja se encontra dispersa, ele deve reproduzir músicas cujas vibrações mais sérias e compenetradas restabeleçam o padrão vibracional de sobriedade.

Da mesma forma que as músicas corretas podem devolver a harmonia e a concórdia para a Loja, uma escolha errada pode atrapalhar todo o andamento da Sessão. Preconiza-se que as melodias reproduzidas sejam apenas instrumentais, evitando que os Obreiros se dispersem prestando atenção ou cantarolando uma música cantada. Uma escolha equivocada também pode desiquilibrar as vibrações dos presentes. Por exemplo, reproduzir uma música alegre e descontraída em momentos que exigem maior reflexão, ou músicas inapropriadas para uma Sessão maçônica.

O Rito Adonhiramita tem uma profunda relação com a música, sendo ela parte essencial da ritualística. Uma Sessão silenciosa gera desconforto e a sensação de que algo ficou faltando. Nos momentos de maior reflexão e introspecção, como a Cerimônia da Incensação, o Cerimonial do Fogo e a Formação do Pálio, o Mestre de Harmonia deve reproduzir músicas que elevem o espírito e estimulem a meditação. Já na Entrada e na saída dos Obreiros, na circulação do Saco de Propostas e Informações, e do Tronco de Solidariedade, as melodias podem ser mais alegres e descontraídas, elevando as vibrações de todos.

Concluindo, a escolha de melodias apropriadas pode mudar completamente os humores dos Irmãos, fazendo com que todos vibrem em ressonância, promovendo a Harmonia, a Paz e a Concórdia durante a Sessão.

## 3.2 Luz

Segundo a ciência moderna, a luz é uma forma de energia que se propaga em ondas eletromagnéticas, as quais possuem diferentes frequências e comprimentos, o que resulta em cores e intensidades distintas. No contexto do Princípio de Vibração, a luz exemplifica claramente a ideia de que tudo vibra, pois suas propriedades e comportamentos são determinados pelas suas frequências vibracionais.

Os diferentes espectros da luz incluem outras formas de radiação, como raios infravermelhos, ultravioleta, raios-x e micro-ondas, cada uma com diferentes frequências de vibração. O espectro visível é apenas uma pequena parte desse infinito espectro eletromagnético. A intensidade da luz é a quantidade de energia por unidade de área; quanto mais intensa, maior a energia e, consequentemente, maior a vibração.

Na filosofia hermética, a luz pode ser vista como um simbolismo para a consciência. Os diferentes espectros podem representar níveis distintos de entendimento e percepção do universo; sua intensidade pode simbolizar o grau de clareza ou iluminação espiritual. O Obreiro deve sempre trabalhar para aumentar seu estado vibracional, a fim de alcançar estados mais elevados de consciência e evoluir espiritualmente.

O Rito Adonhiramita faz grande uso das luzes em sua ritualística para elevar o estado vibracional dos Obreiros. Ao entrar no Templo, este se encontra na penumbra, sendo iluminado pelas luzes da Abóbada Celeste e pela Chama Sagrada, propiciando um ambiente favorável à reflexão e à introspecção. No Cerimonial do Fogo, à medida que as velas dos altares da Sabedoria, da Força e da Beleza são acesas, as luzes do Templo também aumentam gradualmente, representando o fim da penumbra e o início da iluminação, com vibrações mais altas, elevando o estado mental e espiritual do Obreiros. Banhados pela Luz da Sabedoria proveniente do G.·.A.·.D.·.U.·., eles se aproximam e se conectam com a divindade, propiciando uma Sessão cheia de Harmonia, Paz e Concórdia.

As próprias velas de cera de abelha utilizadas em todas as sessões Adonhiramitas possuem significados simbólicos e funcionais que se alinham com as ideias de vibração e energia. Durante o Cerimonial do Fogo, o ato de acender as velas é acompanhado de uma intenção ou oração, concentrando a energia mental e espiritual dos Obreiros para uma Sessão harmoniosa e produtiva. Suas chamas puras e sem fuligem também protegem espiritualmente o Templo, pois são símbolos de luz e proteção divinos, que elevam as vibrações para afastar influências negativas.

## 3.3 Bater Palmas

O aplauso (do latim *applausus*, derivado de *applaudĕre*) é uma expressão humana de aprovação pelo ato de bater a palma de cada uma das mãos uma contra a outra, com o fim de produzir seu ruído característico. Na Antiguidade, bater palmas era um gesto religioso, pois o aplauso deveria invocar a presença do divino. Na Grécia Antiga, o aplauso foi inventado por Crotos, filho do deus Pã e de Eufeme, como forma de mostrar sua admiração pelas musas. Em Roma, as palmas eram usadas em diversas ocasiões: cumprimento, saudação a pessoas importantes, sinal de aprovação e para expressar contentamento em performances.

Quando as mãos se juntam em um aplauso, elas criam uma onda sonora que se propaga pelo ar e purifica o Templo, dispersando as energias negativas ou estagnadas, elevando a vibração do ambiente.

Na Maçonaria, a Bateria do Grau é realizada por intermédio dos Obreiros batendo palmas de acordo com o Rito adotado e o Grau da Sessão. O ritmo e o padrão específico da bateria ajudam a sincronizar as energias dos Obreiros congregados no Templo. Esse ritmo regular e repetitivo pode induzir estados alterados de consciência e facilitar a meditação, elevando suas vibrações mentais e espirituais.

Além da Bateria do Grau, o soar característico do bater de palmas é escutado em diversas ocasiões da ritualística Adonhiramita. O Mestre de Cerimônias geralmente se faz anunciar por uma batida de palmas. Na entrada dos Obreiros no Templo, quando todos estão reunidos no Átrio, o soar de sua palma focaliza a atenção dos Obreiros para o início dos trabalhos. Ao fim da Cerimônia de Incensação, do Cerimonial do Fogo e do Adormecimento do Fogo, o Mestre de Cerimônia anuncia com o soar de uma palma que as ordens do Venerável Mestre foram cumpridas, direcionando a atenção dos Obreiros para as próximas partes da ritualística.

## 3.4 Badaladas Argentinas

As badaladas argentinas são uma das peculiaridades do Rito Adonhiramita. Ao final do Interrogatório, o Cobridor Interno é o responsável por fazer soar um sino (ou tímpano) com 12 badaladas, caracterizadas por um timbre fino como o da prata, não agudo e não estridente.

As vibrações no Plano Material indicam que é meio-dia, hora do início dos trabalhos dos maçons, e têm a função de congregar os Obreiros e fazê-los concentrar a atenção na labuta que está por vir. Ao fim da Sessão, o Cobridor Interno as faz soar novamente, indicando que já é meia-noite, hora do fim dos trabalhos.

No Plano Mental, as notas puras e melodiosas unem os Obreiros em um elo invisível de propósito e comprometimento, direcionando-os para o trabalho justo e perfeito. O soar do sino pode ressonar com a mentes dos Obreiros, que estão vibrando na mesma frequência, criando um campo harmônico de energia. Essa harmonia sonora também pode ter um efeito calmante e meditativo, elevando as vibrações mentais e emocionais de todos no Templo.

No Plano Espiritual, as vibrações formam uma corrente de energias positivas, em que os Obreiros correspondem a cada um dos elos dessa corrente. A formação da egrégora é essencial para uma Sessão harmoniosa e sem conflitos. Essas energias unem passado, presente e futuro, fazendo com que o som ecoe não apenas nos ouvidos, mas também nos corações dos Obreiros que buscam a luz da Sabedoria.

As badaladas também podem simbolizar o despertar ou o adormecer progressivo dos 12 *chakras*, os sete principais e os cinco secundários. Segundo a cultura *yogue*, esses são os pontos onde se encontram os meridianos, canais condutores da energia no organismo. A ativação desses *chakras* fornece o correto equilíbrio energético para todas as partes do corpo, da mente e do espírito.

Assim, as vibrações produzidas pelas badaladas argentinas não representam só a passagem das horas, mas também trazem importantes simbolismos maçônicos, como a evocação do divino e a harmonização das energias, essenciais para a formação da egrégora da Loja.

## 3.5 Estalar dos Dedos

O ato de estalar os dedos é realizado aumentando a tensão entre o polegar e o dedo médio ou indicador, em seguida, move-se o dedo com força para baixo, atingindo a palma da mão em alta velocidade, produzindo um som de estalo ou clique.

No esoterismo e no misticismo, o gesto de estalar os dedos pode ser considerado uma forma de liberar energias negativas ou um sinal de conexão com o divino. No Candomblé e na Umbanda, pode ser interpretado como uma forma de chamar a atenção dos orixás ou entidades espirituais.

Na Aclamação, ao final da abertura da Loja no Rito Adonhiramita, cada Obreiro profere em voz alta e clara as palavras: "*Vivat!, Vivat!, Vivat!*", enquanto estala os dedos a cada palavra pronunciada. Ao fazer isso, ativa as energias positivas, e absorve e dissipa as energias negativas que, porventura, estejam presentes no Templo. A ação rápida e o som resultante podem simbolizar a quebra de padrões de energia estagnada, elevando a vibração do espaço ao redor.

## 3.6 Egrégora

A egrégora é um conceito esotérico que representa uma entidade não física surgida dos pensamentos coletivos de um grupo distinto de pessoas, como uma mente única de uma comunidade, seja ela esotérica, seja exotérica.

De acordo com o Princípio de Vibração, cada pensamento, emoção e ação geram vibrações de diferentes frequências. Quando os Obreiros se reúnem em Loja ou fora dela, seus pensamentos e emoções começam a vibrar em frequências similares, acumulando-se e fortalecendo-se mutuamente. Essas vibrações mentais e emocionais se alinham, criando um campo energético coletivo, formando uma egrégora.

Da mesma forma que as ondas sonoras, ao serem repetidas em sincronia, aumentam sua amplitude e potência, a egrégora se fortifica a cada encontro. A repetição de rituais, práticas ou encontros regulares gera energia e aumenta a vibração, que se combina e reforça a egrégora previamente existente.

## 3.7 Evolução

O conceito de que tudo no universo é composto por energia, vibrando em diferentes frequências, pode ser diretamente aplicado à evolução pessoal e espiritual.

Primeiramente, o Obreiro deve compreender que suas próprias vibrações podem afetá-lo nos Planos Material, Mental e Espiritual. A elevação consciente de seu estado vibracional por meio de meditação e introspecção é essencial para sua saúde, equilíbrio e crescimento espiritual. Ao elevar suas vibrações, também atrai circunstâncias e energias que estão em harmonia com essas frequências mais altas, facilitando um caminho de crescimento e realização.

Ao elevar sua vibração pessoal, o Obreiro expande sua consciência e percepção da realidade, o que resulta em uma compreensão mais profunda de questões espirituais, além de uma conexão mais forte com o divino. Quanto maior é a vibração, maiores são as energias positivas que promovem harmonia, consciência e conexão com o universo.

A ritualística Adonhiramita, repleta de simbolismos e alegorias, aumenta as vibrações do Obreiro ao criar um espaço de intenção e energia coletiva. A reflexão e a introspecção ajudam a acalmar a mente, reduzir o estresse e aumentar a consciência, elevando a vibração, promovendo estados de paz e clareza mental.

A abertura do Livro da Lei representa a abertura de um portal dimensional por onde passa a Luz da Sabedoria do G.·.A.·.D.·.U.·. Essa conexão com o divino eleva as vibrações, promovendo sentimentos de amor, gratidão e conexão espiritual.

# 4. Conclusões

O Princípio de Vibração, ao ser integrado nas práticas e nos preceitos maçônicos, fornece um caminho claro e eficaz para a evolução espiritual por meio da elevação das vibrações pessoais e coletivas. Ao alinhar-se com princípios universais de verdade, justiça e amor, o Obreiro alcança um estado de harmonia, no qual cada indivíduo é encorajado a vibrar em frequências mais altas.

O processo contínuo de autoconhecimento, a prática ritualística, o desenvolvimento ético e a busca pela sabedoria não só enriquecem a vida dos membros, mas também contribuem para o progresso da humanidade como um todo.

Capítulo 6

# O PRINCÍPIO DE POLARIDADE

"Tudo é duplo; tudo tem polos; tudo tem seu oposto;
o igual e o desigual são a mesma coisa;
os opostos são idênticos em natureza, mas diferentes em graus;
*extremos se tocam; todas as verdades são meias-verdades;*
*todos os paradoxos podem ser reconciliados."*
(*O Caibalion*)

## 1. Polaridade

### 1.1 Conceito

De acordo com o *Dicionário Online de Português*, a palavra "polaridade" é um substantivo feminino que quer dizer: "característica do que é polar, do que possui polos". Na Física, significa "propriedade positiva ou negativa dos polos de um ímã". Já na eletricidade é o "estado do que indica o sentido e a potência de eletricidade da corrente elétrica num circuito".

A polaridade é um conceito frequentemente utilizado em diversas áreas da ciência, como Física, eletricidade, Química e até mesmo em discussões sociais e políticas. De maneira geral, refere-se à existência de extremos opostos em um determinado contexto.

Na Física e na eletricidade, a polaridade refere-se à diferença de potencial entre dois pontos em um circuito elétrico, indicando a direção do fluxo de corrente. Por exemplo, em um ímã, as linhas de campo magnético emanam do polo norte e convergem no polo sul. Em circuitos eletrônicos, como em diodos ou transistores, a polaridade desempenha um papel crucial na regulação e no controle do fluxo de corrente elétrica.

Na Química, a polaridade diz respeito à distribuição assimétrica de cargas em uma molécula. Uma molécula possui átomos com diferentes eletronegatividades, o que resulta em uma distribuição desigual de elétrons, criando regiões parcialmente positivas e parcialmente negativas. A polaridade das moléculas é fundamental para entender suas propriedades físicas e químicas, incluindo solubilidade, ponto de ebulição e interações intermoleculares.

Em um contexto social e político, a polaridade refere-se à divisão e à divergência de opiniões, ideias, princípios e crenças entre grupos de pessoas. A polarização social e política muitas vezes implica uma clara divisão entre diferentes pontos de vista, ocasionando uma diminuição da compreensão e da cooperação entre grupos diversos, podendo levar a extremos, como tensões e conflitos.

Na Psicologia, a polaridade pode se referir à tendência de pensamento extremo ou dicotômico, em que as pessoas veem o mundo em termos de preto e branco, sem tons de cinza. Isso pode contribuir para o pensamento rígido e inflexível, dificultando a resolução de conflitos e a tomada de decisões adaptativas.

## 1.2 Esoterismo e Misticismo

No esoterismo, o conceito de polaridade diz respeito à ideia de que existe uma interconexão e interdependência entre elementos opostos ou complementares no universo.

A polaridade pode ser considerada uma interação dinâmica entre forças opostas que buscam equilíbrio, tido como essencial para alcançar a harmonia e a realização espiritual. Muitas práticas esotéricas e espirituais se concentram em equilibrar essas polaridades para alcançar um estado de consciência elevado e união com o divino.

Também pode ser associada à dualidade inerente à existência humana e ao universo, pois se acredita que, por trás das polaridades aparentes, há uma unidade subjacente que transcende as diferenças e os opostos. A integração das polaridades opostas é considerada um caminho para a iluminação espiritual e a compreensão mais profunda da natureza da realidade.

No misticismo, a polaridade é frequentemente considerada a expressão de uma dualidade das forças cósmicas fundamentais, em que conceitos opostos, como luz e escuridão, positivo e negativo, bem e mal, são vistos como partes integrantes do Universo. Para muitos místicos, a harmonização das forças opostas é constantemente associada à jornada espiritual e ao despertar da consciência, sendo essencial para alcançar um estado de equilíbrio e unidade interior.

# 2. O Princípio da Polaridade

O Princípio de Polaridade preconiza que tudo é duplo, tem dois lados, dois aspectos, dois polos opostos, mas de uma mesma natureza e com infinitos graus de diferença entre esses dois extremos. Está muito relacionado ao Princípio de Vibração, uma vez que a diferença entre dois polos diametralmente opostos nada mais é do que a variação em seus graus vibracionais. Um exemplo é o calor e o frio, opostos que possuem a temperatura como natureza; a diferença entre eles está nos graus de vibração: quanto mais alto, maior é a temperatura.

## 2.1 Reconciliação Universal dos Opostos

Outro conceito que o princípio traz é a reconciliação universal dos opostos, pois tudo no universo possui opostos complementares que são interdependentes e inseparáveis. Sua reconciliação refere-se ao processo de reconhecer e harmonizar essas polaridades aparentemente conflitantes, mas de mesma natureza.

O primeiro passo nesse processo é a identificação e o reconhecimento dessas polaridades e de seus respectivos opostos, compreendendo suas qualidades, traços e/ou conceitos. Depois, é preciso entender que esses opostos não existem de forma isolada, sendo interdependentes e mutuamente necessários para a existência e o equilíbrio do Todo. Não é possível compreender a Luz sem a Escuridão, o ruído sem o silêncio, a bondade sem a maldade, etc. O entendimento dessas interdependências entre esses opostos é fundamental para a reconciliação.

Uma vez que os opostos são reconhecidos e sua interdependência é compreendida, o objetivo é buscar um estado de equilíbrio entre eles. Isso não significa eliminar um dos opostos em favor do outro, mas encontrar um modo de integrar e harmonizar as polaridades para criar um estado de totalidade e harmonia. A manutenção desse equilíbrio é imprescindível para a evolução pessoal e espiritual do indivíduo.

Por fim, a reconciliação envolve transcender a dualidade e entender a unidade que existe além das polaridades aparentes. Ou seja, ter uma compreensão mais profunda e abrangente da natureza da existência, reconhecendo que esses opostos são expressões diferentes da mesma realidade fundamental.

## 2.2 Planos Material, Mental e Espiritual

O Princípio de Polaridade também está intimamente relacionado aos Princípios de Correspondência e Vibração, uma vez que as manifestações dos Planos Material e Espiritual são extremos opostos que possuem a mesma natureza: a própria existência. Como observado anteriormente, o que separa os três planos de manifestação são seus graus de vibração. A manifestação no Plano Material possui frequência vibracional baixa que, à medida que aumenta, evolui para o Plano Mental e chega até o Plano Espiritual.

De maneira geral, em todos os planos de existência, não há uma demarcação absoluta entre os polos com relação ao ponto em que começa um e termina o outro, pois tudo é relativo, dependendo da percepção de cada um.

No Plano Material, polaridades, como quente e frio, luz e escuridão, riqueza e pobreza, são exemplos de polos opostos que podem ser compreendidos como diferentes graus da mesma essência. Essa compreensão ajuda a perceber que as condições materiais são mutáveis e inter-relacionadas. O calor e o frio são os opostos de uma mesma natureza, a temperatura. No entanto, é interessante perceber que a percepção do que é calor e do que é frio é muito relativa. Para uma pessoa que vive em zonas tropicais, uma temperatura de 30° C pode ser considerada amena, enquanto para alguém que vive em zonas temperadas, pode ser considerada um calor excessivo.

No Plano Mental, os pensamentos e as emoções frequentemente oscilam entre extremos, como felicidade e tristeza, paixão e ódio, ou calma e agitação. O princípio ajuda a reconhecer que esses extremos são apenas graus distintos da mesma coisa. Ao compreender que os diferentes estados mentais são somente variações em um mesmo espectro, pode-se aprender a alterar o estado mental de um extremo a outro. Um ótimo exemplo é o amor e a indiferença, nos quais não há uma delimitação clara de onde acaba o amor e começa e indiferença, e vice-versa. Tudo depende da percepção individual dessas vibrações. Para uma pessoa criada em um ambiente frio e sem afeto, uma pequena demonstração de amor poderia ser seu bem mais valioso; já para alguém que cresceu em um lar amoroso, seria apenas um agrado muito apreciado. Essa mesma correlação pode ser feita entre o bem e o mal.

No Plano Espiritual, o princípio revela que o bem e o mal, a luz e a escuridão, a alegria e a tristeza são simplesmente polos extremos da mesma realidade. O mestre hermetista compreende que essas polaridades não são absolutas, mas relativas, e que ambos os extremos são necessários para a experiência completa da existência espiritual. Dessa maneira, deve-se transcender os extremos, buscando um ponto de equilíbrio ou harmonia, alcançando um estado de consciência em que os opostos são integrados e compreendidos como partes de um todo maior.

## 2.3 Transmutação Mental

Todas as mudanças mentais nada mais são do que alterações na polaridade. O iniciado no Hermetismo pode usar o Princípio de Mentalismo para transmutar um estado mental em outro, desde que sejam da mesma natureza. Na Jornada do Herói, o protagonista começa sua caminhada cheio de medos e dúvidas, mas, à medida que adquire experiência e conhecimento, aumenta sua vibração, evoluindo e transformando-se, no fim, em um paladino corajoso e confiante. Cabe ao iniciado seguir nessa jornada de autoconhecimento para identificar a natureza de seus pontos fracos e fortes, aplicando o conceito de polaridade e transmutação mental para se tornar alguém melhor, capaz de fazer a diferença no mundo ao seu redor.

Para sua evolução, o indivíduo deve sempre caminhar em direção aos polos considerados positivos, como amor, proatividade, compaixão, etc. Ao seguir no sentido dos polos negativos, ele acaba se afastando de seu propósito, gerando mais dúvidas e frustrações.

No entanto, diferentes classes não podem ser transmutadas em outras. Não é possível caminhar de um polo ao outro se eles não são da mesma natureza. No Plano Material, frio não pode ser transformado em ruído; da mesma forma que, no Plano Mental, medo não pode ser transformado em proatividade. Tentar ir contra esse conceito geraria apenas confusão e decepção. Seria como alguém ficar angustiado esperando a temperatura ambiente se elevar depois de ter aumentado o volume do rádio.

## 2.4 Indução Mental

As mudanças de estados mentais podem influenciar as pessoas ao redor por meio da indução mental. Um indivíduo vibrando em alta frequência – geralmente associada a estados mentais positivos – emite uma qualidade energética que pode influenciar todo o ambiente de várias maneiras.

De acordo com a Lei de Ressonância, energias semelhantes tendem a se atrair e se harmonizar. Uma pessoa vibrando em uma frequência mais alta emite uma energia positiva que pode ressoar com as energias das demais ao seu redor, criando um efeito propagador, em que todos começam a se sentir mais positivos e inspirados simplesmente estando perto dessa pessoa.

O campo energético dessa pessoa também pode vibrar com tanta intensidade que se torna brilhante e expansivo, influenciando positivamente o estado mental dos indivíduos próximos. É como se fosse um grande farol, cuja luz guia os navegantes pelas águas turbulentas do caos e da ignorância.

Os iniciados herméticos, ao dominarem o Princípio de Polaridade, podem direcionar conscientemente essas altas vibrações para todos ao seu redor, influenciando seus estados mentais positivamente. Dessa maneira, ao emanarem amor e compaixão em seus pensamentos, e ao materializarem esses sentimentos por meio de palavras e ações, todos acabam seguindo em direção ao mesmo polo positivo, auxiliando na evolução pessoal e espiritual de todos os presentes.

## 3. Maçonaria

Na Maçonaria, o Princípio de Polaridade pode ser aplicado de diversas formas, tanto dentro quanto fora do Templo.

A busca por equilíbrio e harmonia entre os polos opostos é frequentemente simbolizada por meio de elementos opositores, como a Luz da sabedoria e a Escuridão da ignorância, virtude e vício, humildade e vaidade. Esses símbolos representam as dualidades complementares que interagem e se complementam para trabalhar juntas, a fim de alcançar o equilíbrio na busca da evolução pessoal e espiritual.

Antes de convidar um possível candidato para a Ordem, o Mestre Maçom deve fazer uma acurada observação para reconhecer em qual grau ele está vibrando. Uma pessoa com vibrações baixas, na escala negativa da polaridade em relação a costumes, moralidade, honestidade, confiança, fraternidade e tolerância, nunca deverá ser convidada a fazer parte da Maçonaria. O objetivo da Ordem não é transformar indivíduos com falhas graves de caráter em pessoas boas, mas de transmutar pessoas livres e de bons costumes em versões melhores delas mesmas.

## 3.1 Evolução Pessoal e Espiritual

No Rito Adonhiramita, a Cerimônia de Incensação, o Cerimonial do Fogo e a Formação do Pálio estimulam o Obreiro a fazer uma profunda reflexão, voltando seus pensamentos para seu Templo interior. Essa jornada de autoconhecimento é fundamental para identificar suas próprias virtudes, como coragem, generosidade e honestidade, bem como reconhecer vícios, como egoísmo, impaciência, vaidade e procrastinação. Após essa etapa, o Obreiro deve procurar as polaridades opostas de seus comportamentos negativos e hábitos prejudiciais, compreendendo a dinâmica entre seus traços positivos e negativos. Uma vez exploradas essas polaridades, o Obreiro deve cultivar suas virtudes enquanto trabalha para superar seus vícios, encontrando um ponto de equilíbrio saudável que permita o crescimento pessoal e espiritual contínuo. Ou seja, deve trabalhar o altruísmo e a abnegação para combater o egoísmo; a paciência e a serenidade para derrotar a impaciência; a humildade para vencer a vaidade; e a proatividade para extinguir a procrastinação. Isso não significa tentar eliminar completamente os vícios, mas reconhecer sua existência e aprender a gerenciá-los de forma construtiva, evoluindo pessoal e espiritualmente, alinhando seus valores e propósitos mais elevados.

Esse processo de autoconhecimento e transformação é uma jornada contínua, com altos e baixos. Assim, o Obreiro deve estar sempre vigilante para que a virtude, conquistada com grande disciplina e força de vontade, não se converta em vício. Por exemplo, o cuidado minucioso com os trabalhos é uma virtude, mas no momento em que se torna excessivo, ou até mesmo compulsivo, transforma-se em um vício que prejudica tanto a vida profana quanto a vida maçônica. Por essa razão, na entrada dos Obreiros, o Mestre de Cerimônias pede que todos que mantiveram suas mãos limpas (ou seja, longe dos vícios, caminhando em direção ao polo positivo) calcem suas luvas para poderem adentrar no Templo.

## 3.2 De Aprendiz a Mestre

Aplicar o Princípio de Polaridade na jornada do Grau de Aprendiz para o Grau de Mestre envolve um profundo entendimento da dualidade e a prática constante de transformar os polos opostos. Isso inclui a busca pelo equilíbrio interno, a transformação pessoal, a ação consciente e ética e o desenvolvimento espiritual. Ao integrar esses princípios, o Aprendiz se move simbolicamente da escuridão para a luz, sempre evoluindo pessoal e espiritualmente.

O Aprendiz deve compreender as dualidades de luz e escuridão, conhecimento e ignorância, virtude e vício. Ao entender que os extremos são relativos e fazem parte de um espectro contínuo, percebe que a escuridão não é algo a ser temido, mas um estado a ser transformado em luz mediante o conhecimento e a prática. Por meio do estudo, da reflexão e da prática dos ensinamentos maçônicos, ele transforma essa ignorância em conhecimento, simbolizando a passagem da escuridão para a luz.

Além disso, deve aprender a conciliar os opostos dentro de si para uma vida equilibrada e harmônica. Para tanto, deve procurar a harmonização entre razão e emoção, ação e contemplação, trabalho e descanso.

## 3.3 Venerável Mestre e Cobridor Interno

Outros exemplos de polaridade são as posições que o Venerável Mestre e o Cobridor Interno ocupam no Templo Adonhiramita. Ambos estão sobre a linha do Equador, entre as Colunas do Norte e do Sul, um voltado para o outro. O Venerável Mestre está no Oriente, no Altar da Sabedoria, enquanto o Cobridor Interno tem assento no Ocidente, junto à porta do Templo. Eles atuam como polos energéticos opostos dentro da Loja.

O Venerável Mestre emana a Luz da Sabedoria, sendo responsável por guiar e aconselhar os Obreiros. Já o Cobridor Interno, armado de seu instrumento de ofício, protege os trabalhos durante a Sessão, pois é o responsável por absorver as energias negativas e desarmônicas que, porventura, circulem pelo Templo, dissipando-as no solo com o auxílio de sua espada, como se esta fosse um fio terra. Por essa razão, na ritualística Adonhiramita, preconiza-se que o ex-Venerável mais recente seja nomeado como Cobridor Interno, pois é o que está mais preparado para lidar com energias desse tipo e dissipá-las de maneira a não afetarem a harmonia da Loja.

Um exemplo interessante de *O Caibalion*, que se encaixa perfeitamente nessa sinergia entre o Venerável Mestre e o Cobridor Interno, mostra uma pessoa viajando ao redor do mundo. Se ela seguir em direção ao Oriente, quando chegar ao seu destino, e continuar sua jornada, ela estará agora em direção ao Ocidente. O mesmo vale para o Obreiro, que seguiu sua jornada na Ordem até se tornar o Venerável Mestre de sua Loja, cujo assento fica no Oriente. Após seu tempo no veneralato, ele continua sua jornada na Ordem, mas agora em direção ao Ocidente, onde terá assento no cargo de Cobridor Interno.

## 3.4 Indução Mental

A aplicação do Princípio de Polaridade por meio da indução mental pode ter um impacto significativo no progresso tanto da Loja quanto do mundo ao seu redor.

O Venerável Mestre deve vibrar em uma intensidade tão alta que sua aura se torna brilhante e expansiva, servindo como um guia espiritual dos Obreiros dentro e fora do Templo. Os oficiais da Loja também devem vibrar em frequência maior que a dos demais obreiros, sempre caminhando para os polos positivos, como sabedoria, força, beleza, tolerância, empatia. Ao fazerem isso, influenciam os demais irmãos a seguir pelo mesmo caminho, auxiliando na evolução pessoal e espiritual de todos.

Em uma Sessão maçônica, onde todos possuem vibrações semelhantes e direcionadas para polos positivos, como sabedoria, força e beleza, esse efeito é potencializado, promovendo uma grande egrégora entre os Obreiros.

Experimentando o equilíbrio e a harmonia dentro da Loja, os Obreiros podem levar essas energias para o mundo profano por meio de palavras e ações. A indução mental começa internamente, no coração de cada um, mas se espalha externamente a partir do exemplo.

A Loja e seus Obreiros, ao praticarem a transmutação de estados negativos, podem criar um efeito dominó na comunidade, influenciando positivamente a cultura local e a dinâmica social por meio de eventos beneficentes, discussões construtivas e ações que enfatizem essa transformação.

# 4. Conclusões

O Princípio de Polaridade preconiza que tudo é duplo, possui dois polos e tem seu oposto. Essa duplicidade está intimamente interligada, pois tese e antítese são idênticas em natureza, mas diferentes em graus, podendo ser conciliadas.

A aplicação desse princípio na Maçonaria é uma ferramenta poderosa para o desenvolvimento pessoal e a melhoria social. Ao entender e integrar os opostos, transformar estados negativos em positivos, buscar o equilíbrio e agir de maneira consciente e ética, os Obreiros podem não apenas progredir em sua jornada espiritual e moral, mas também contribuir significativamente para a criação de um mundo mais harmonioso e justo.

# Capítulo 7

# O PRINCÍPIO DE RITMO

*"Tudo flui, para fora e para dentro; tudo tem suas marés; todas as coisas se levantam e caem; a oscilação do pêndulo se manifesta em tudo; a medida da oscilação à direita é a medida da oscilação à esquerda; o ritmo compensa."*

(*O Caibalion*)

## 1. O Ritmo

### 1.1 Conceito

De acordo com o *Dicionário Online de Português*, a palavra "ritmo" é um substantivo masculino que significa: "sucessão de tempos fortes e fracos que se apresentam alternada e regularmente, cadência, compasso"; "movimento que ocorre em períodos regulares"; "alteração regular e compassada no decorrer de fatos ou situações"; "movimentação veloz por meio da qual algo se desenvolve". Na música, quer dizer "modo harmônico de dispor os tempos entre uma movimentação e outra; marcação do tempo de um gênero musical".

Nas Artes, o ritmo é complexo e pode ser abordado de várias perspectivas. No entanto, apesar das nuances distintas, em sua essência, continua a ser uma organização temporal regular que cria uma sensação de movimento, padrão ou fluidez.

Na Música, é a organização de eventos sonoros no tempo, incluindo a disposição de batidas fortes e fracas, a duração relativa dos sons e a organização em padrões regulares, como compassos e frases.

Na poesia, refere-se ao padrão de estresse e entonação nas sílabas das palavras, podendo ser usado para criar efeitos estilísticos, como rimas, aliterações e cadências específicas. O ritmo poético afeta a maneira como um poema é lido ou interpretado, transmitindo emoções e estabelecendo um tom específico.

Na dança, o ritmo está associado à organização dos movimentos corporais em relação a um pulso musical ou a um padrão rítmico específico, criando uma conexão dinâmica entre a música e o movimento.

Nas Artes Visuais, o ritmo pode se referir à repetição regular de elementos visuais, como formas, cores, linhas ou padrões, os quais criam uma sensação de movimento visual, que pode gerar uma impressão de dinamismo ou equilíbrio na composição visual.

Na Fisiologia, o ritmo está associado a padrões regulares de atividade em organismos vivos, incluindo o ritmo circadiano (ciclos biológicos que regulam diariamente processos fisiológicos) e o ritmo circanual (funções biológicas e comportamentais que se repetem anualmente).

Na Física e na Matemática, o ritmo pode ser associado a padrões regulares de oscilação e movimento, como ondas sonoras, oscilações em circuitos elétricos e movimentos oscilatórios em sistemas mecânicos.

Na Psicologia, está relacionado a padrões de comportamentos recorrentes e a ciclos de atividade cognitiva e emocional, incluindo os padrões de sono, de trabalho e descanso, e também de atividade mental, como os ciclos de atenção e concentração.

Na computação, pode se referir a padrões de processamento de dados ou a sequências regulares de operações, como a taxa de transferência de dados na internet, a frequência de atualizações em sistemas de software ou, até mesmo, a padrões de pulsos elétricos em circuitos eletrônicos.

Esses exemplos mostram que, de maneira geral, o conceito de ritmo refere-se à organização dos elementos em um fluxo de tempo, uma estrutura recorrente e regular que cria uma sensação de movimento ou padrão.

## 1.2 Esoterismo e Misticismo

No esoterismo e em várias tradições espirituais, o conceito de ritmo é frequentemente associado a noções de ciclos cósmicos, padrões energéticos e flutuações vibracionais que permeiam o universo e influenciam a existência humana.

Acredita-se que o ritmo é uma das leis universais que regem o funcionamento de tudo, podendo incluir a ideia de que todas as coisas seguem padrões cíclicos e flutuações de energia que influenciam o destino e o desenvolvimento espiritual das pessoas.

Na Astrologia, o ritmo está ligado aos movimentos dos corpos celestes, e ao impacto que esses movimentos têm sobre os eventos terrenos e as experiências humanas. Os ciclos planetários e celestes influenciam os padrões de comportamento, os eventos e as tendências na vida das pessoas.

Algumas tradições esotéricas enfatizam a importância de sincronizar o ritmo pessoal com os ritmos cósmicos como meio de alcançar um estado mais elevado de consciência por meio de práticas, como meditação, ioga e rituais. Essa sincronia está associada aos conceitos de energia e vibração, pois se acredita que tudo no universo emite vibrações, e que a harmonização dessas vibrações é fundamental para alcançar um estado de equilíbrio espiritual e bem-estar.

# 2. O Princípio de Ritmo

O Princípio de Ritmo é o quinto Grande Princípio Hermético, que dita que tudo se manifesta em um movimento proporcional entre dois polos. Esse princípio está intimamente relacionado ao Princípio de Polaridade, uma vez que se manifesta por meio da movimentação entre dois polos opostos estabelecidos, como um pêndulo oscilando de um lado para o outro.

De acordo com esse princípio, sempre há uma ação e uma reação, sugerindo que o movimento segue um padrão de fluxo e refluxo, semelhante às marés do oceano, que se expandem e se desenvolvem e, eventualmente, recuam e se contraem, criando um movimento constante de ida e volta.

## 2.1 Efusão e Infusão

O conceito de Efusão refere-se ao processo de expansão, de movimento para fora, podendo ser entendido como a fase em que a energia, a força ou a influência se estendem e se manifestam no mundo exterior. Já a Infusão diz respeito ao processo de contração, de movimento para dentro, abrangendo a fase em que a energia, a força ou a influência retornam ao interior, à fonte original.

Na filosofia hermética, a Efusão e a Infusão descrevem os movimentos pendulares de tudo no universo, mostrando que todo movimento de expansão é seguido por um movimento de contração e vice-versa. Esse fenômeno ocorre em todos os planos de existência e está intimamente relacionado com o Princípio de Vibração.

No Plano Material, ocorrem tanto no macrocosmo universal quanto no microcosmo individual de cada um. A criação do universo se iniciou no ponto mais baixo do Plano Material; sua vibração foi aumentando até que a energia acumulada explodiu no Big Bang, criando planetas, estrelas e demais corpos celestes. Esse universo se expandiu até chegar ao seu auge e, depois de *eons*, começou o declínio, as vibrações começaram a diminuir até chegar à grande entropia, culminando em seu fim. A massa inerte de matéria resultante apenas aguarda um novo impulso para que suas vibrações comecem a aumentar novamente, iniciando a criação de um novo universo.

A observação atenta da vida mostra que tudo na natureza passa por um ciclo de nascimento, crescimento, plenitude, declínio e morte, seguido de um renascimento. As pessoas nascem com um grau vibracional baixo e, à medida que adquirem experiência e conhecimento, a frequência vibracional aumenta, fazendo com que a criança passe a ter consciência do mundo ao seu redor, de suas leis e regras. Na idade adulta, o indivíduo atinge seu auge mental e corporal, com suas vibrações no máximo. À medida que envelhece, as vibrações vão ficando menores, assim como sua consciência e disposição, culminando com seu descanso da vida terrena. De acordo com muitas filosofias e religiões, a alma imortal apenas aguarda o momento certo para renascer em uma nova existência, iniciando mais uma vez o ciclo da vida.

## 2.2 Lei de Neutralização

A Lei de Neutralização é a técnica ou método que permite ao iniciado no Hermetismo neutralizar os efeitos indesejados das oscilações pendulares. Isso envolve uma dinâmica complexa entre a consciência inferior e a consciência superior, em que cada um desses níveis desempenha papéis distintos na aplicação e na compreensão da neutralização dessas oscilações.

A consciência inferior refere-se ao nível mais básico e instintivo da mente humana, muitas vezes associada às reações automáticas, emocionais e inconscientes. Mediada pelo sistema límbico, é a responsável pelas reações imediatas às oscilações da vida, incluindo respostas emocionais mais básicas e instintivas, como alegria, medo, raiva e ansiedade. Tende a identificar-se fortemente com os altos e baixos das experiências diárias, resultando em uma montanha-russa emocional.

Já a consciência superior representa um nível mais elevado de percepção e entendimento, caracterizada pela autoconsciência, pela introspecção e por um sentido mais profundo de conexão espiritual. A consciência superior permite que a pessoa observe as oscilações rítmicas sem se identificar com elas, criando um distanciamento saudável, no qual as emoções e as reações são vistas de uma perspectiva mais elevada e menos pessoal. Ao usar essa consciência, desenvolve-se maior controle sobre as reações e emoções, transcendendo os altos e baixos, e alcançando um estado de equilíbrio e paz interior. Ou seja, embora as oscilações ainda ocorram, elas não têm o mesmo impacto perturbador.

Dessa maneira, o iniciado hermético reconhece os padrões rítmicos e eleva suas vibrações para se posicionar acima deles, neutralizando seus efeitos. Ao fazer isso, leva a reatividade emocional e os impulsos da consciência inferior para a luz da consciência superior, onde podem ser observados, compreendidos e neutralizados.

O mestre hermetista compreende que o Princípio de Ritmo é constante e as oscilações sempre vão acontecer, independentemente de sua vontade ou situação espiritual. O desenvolvimento espiritual eleva gradualmente a consciência do nível inferior para o superior, permitindo que viva de forma mais consciente, reduzindo a influência das reações automáticas e aumentando a capacidade de neutralização.

## 2.3 Lei de Compensação

A Lei de Compensação é uma extensão do Princípio de Ritmo que sugere que, como parte dos ciclos naturais, existe uma tendência para que o universo busque o contrabalanço ou a compensação. Em outras palavras, como na Terceira Lei de Newton, toda ação ou evento que ocorre em direção a um extremo, eventualmente, resultará em uma reação proporcional e oposta em direção ao outro extremo para restabelecer o equilíbrio. Dessa maneira, para cada subida, há uma descida correspondente, e para cada ganho, há uma perda equivalente. Isso mostra que, em um sentido mais amplo, tudo no universo mantém um perfeito equilíbrio. Essa lei é essencialmente uma extensão do Princípio de Causa e Efeito, aplicada ao domínio do tempo e das oscilações rítmicas.

Essa compensação, ou contrabalanço, pode ser observada em todos os planos de manifestação. No Plano Material, pode ser vista nos ciclos naturais e nos eventos humanos, a exemplo de períodos de crescimento e prosperidade, que são seguidos por períodos de declínio e recessão, e vice-versa. No Plano Mental, reflete-se em momentos de intensa alegria ou sucesso, seguidos por momentos por tristeza ou desafio. A compreensão dessas oscilações rítmicas ajuda os indivíduos a enfrentar esses períodos negativos e penosos com maior resiliência, sabendo que os altos e baixos fazem parte do ritmo natural do universo.

Outra maneira pela qual os iniciados no Hermetismo evitam grandes sofrimentos com os altos e baixos da vida é buscando a Homeostase Universal. Esse conceito sugere que o universo tende naturalmente para um estado de equilíbrio ou homeostase alcançado por intermédio do movimento contínuo de compensação, em que as forças opostas se equilibram mutuamente. Uma forma de alcançar esse Equilíbrio Estático é evitando oscilações muito amplas no pêndulo da vida, pois quanto mais próximo do centro, menores serão as compensações e os contrabalanços.

Em vez do Equilíbrio Estático, o iniciado também pode recorrer ao Equilíbrio Dinâmico, no qual a homeostase é mantida mediante um ajuste constante entre os componentes do sistema. Cada mudança ou deslocamento em uma direção é compensado por um movimento correspondente na direção oposta. Mesmo quando parece estar em equilíbrio, o sistema está, de modo constante, ajustando e readaptando suas forças internas para manter esse estado. Por ser altamente adaptável, pode responder rapidamente às mudanças no ambiente, ajustando seus processos internos para manter a estabilidade, crucial para a sobrevivência e a sustentabilidade em longo prazo.

A compreensão da Lei da Compensação fornece uma ferramenta poderosa para o entendimento da dinâmica do universo. Ao reconhecer os ritmos a que está sujeito, o indivíduo pode trabalhar para alcançar um estado de harmonia, aceitação e equilíbrio, que lhe permite enfrentar com maior sabedoria e serenidade os inevitáveis desafios que aparecem em sua jornada.

# 3. Maçonaria

Aplicar o Princípio de Ritmo na Maçonaria envolve a compreensão e a integração dos ciclos e das oscilações naturais nos vários aspectos da ritualística e dos simbolismos da Ordem.

Os Obreiros, seguindo a tradição dos Maçons Operativos, seguem o ciclo do Plano Físico, trabalhando desde o meio-dia até a meia-noite, seguindo do trabalho para o descanso após todas as sessões. Esse ritmo específico – semanal ou quinzenal – pode ser considerado uma expressão do Princípio de Ritmo, proporcionando um equilíbrio entre trabalho e reflexão.

As próprias eleições para Venerável Mestre e Oficiais refletem esse princípio, pois a rotação regular dos cargos de liderança permite o surgimento de novos líderes, com novas energias e perspectivas. Esse ciclo de mudança ajuda a manter a vitalidade e o dinamismo da Loja. As avaliações periódicas das atividades e o progresso da Loja são essenciais, pois permitem ajustes e melhorias contínuas por meio de um ciclo de *feedback* e crescimento constante.

## 3.1 Lei de Neutralização

A Lei de Neutralização é uma ferramenta poderosa para mitigar os efeitos negativos das oscilações emocionais e mentais, promovendo o equilíbrio e a harmonia em situações de conflito. O Venerável Mestre e seus oficiais devem sempre usar essa lei para a manutenção da harmonia e concórdia entre os Obreiros.

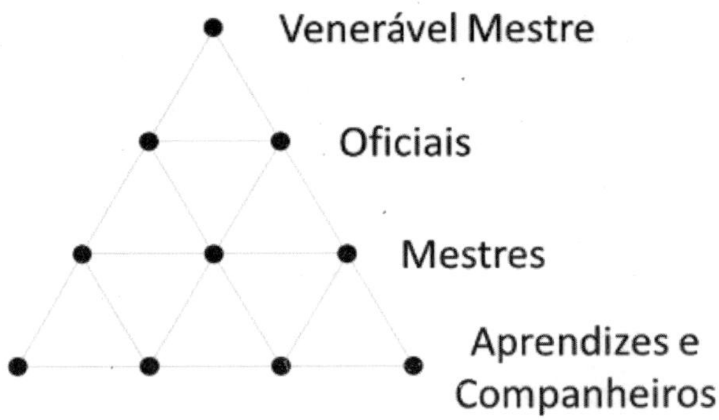


*Tetraktys*

Uma analogia interessante é comparar a hierarquia da Loja com um *tetraktys*, uma representação pitagórica na forma de um triângulo contendo dez pontos distribuídos em quatro fileiras (observe a imagem). Os Aprendizes e Companheiros estão na fileira inferior, seguidos pelos Mestres, pelos Oficiais de Loja e pelo Venerável Mestre no topo.

As disputas entre Aprendizes e Companheiros podem ser intermediadas pelos Mestres, que estão um nível acima e, assim, não são afetados pelas oscilações inferiores. Da mesma forma, os oficiais cuidam das disputas entres os Mestres. O Venerável Mestre cuida de toda a Loja, pois deve sempre estar em um nível superior às oscilações de todos os Obreiros, já que recebeu a Luz da Sabedoria do próprio G.·.A.·.D.·.U.·. Ao estar em um nível vibracional acima, os movimentos desarmoniosos abaixo não o abalam, tornando-o peça essencial para liderar e resolver conflitos entre os Obreiros com discernimento e sabedoria.

No entanto, antes de dominar a Lei de Neutralização, o próprio Obreiro deve se centrar, evitando oscilações muito grandes de um lado para outro, evoluindo para transcender os problemas profanos.

## 3.2 Sincronização

Muitas vezes, os Obreiros estão vibrando em um mesmo ritmo, mas em tempos diferentes, como uma orquestra sem a batuta de um maestro. O Venerável Mestre deve fornecer os meios necessários, tanto no Plano Material quanto no Plano Mental, para a sincronização dos ritmos dos irmãos, impulsionando a egrégora e a harmonia da Loja.

Um exemplo interessante desse tipo de sincronização é o Modelo de Kuramoto. Esse modelo é uma demonstração de física que utiliza metrônomos (dispositivos usados para medir intervalos de tempo por meio de um clique audível em cada batida), todos oscilando no mesmo ritmo, mas fora de fase. Eles são colocados em uma superfície móvel, responsável por fazer a intermediação da troca mútua de energia entre os pêndulos dentro dos metrônomos. Após um curto período, todos estão em perfeita sincronia.[1]

Da mesma forma, os Obreiros podem estar na mesma frequência vibratória, mas fora de fase, atrapalhando o andamento da Sessão. O Venerável, conduzindo a ritualística da abertura da Loja, age como o catalisador dessa sincronização, distribuindo as energias para harmonizar as oscilações de todos os presentes.

1. Para aprofundar seus conhecimentos sobre o Modelo de Kuramoto e sua aplicação na sincronização de metrônomos, recomendamos explorar os seguintes recursos audiovisuais, publicados na plataforma YouTube: "Sincronia 72 Metrônomos"; <https://www.youtube.com/watch?v=HGllTCXEBDc>; "Spontaneous Synchronization"; <https://www.youtube.com/watch?v=T58lGKREubo>.

## 3.3 Lei de Compensação

O Rito Adonhiramita oferece ao Obreiro diversos momentos de reflexão e introspecção, como na Cerimônia da Incensação, no Cerimonial do Fogo, na formação do Pálio e na Abertura do Livro da Lei. É nesses momentos que ele deve se harmonizar com seus próprios ritmos internos, deixando-o mais centrado e menos influenciado pelas oscilações da vida.

O Venerável Mestre deve planejar atividades e eventos ao longo do ano, levando em consideração os ciclos e as oscilações naturais dos Obreiros. Isso pode ajudá-lo a manter seu entusiasmo e engajamento. Por exemplo, atividades mais intensas, como campanhas solidárias ou eventos da Loja, podem ser agendadas para períodos de maior energia coletiva; depois, obedecendo à Lei de Compensação, deve-se seguir um período de reflexão e serenidade.

Da mesma forma, o Venerável Mestre e seus oficiais devem estimular o estudo contínuo e a busca de conhecimento, reconhecendo que o aprendizado também segue um ritmo. Períodos de estudo intensos devem ser seguidos de momentos de reflexão, essenciais para a absorção e a sedimentação do conhecimento aprendido.

Dentro e fora do Templo, o Obreiro deve sempre procurar o equilíbrio, sem oscilar em demasia entre um polo e outro. Uma Sessão séria e compenetrada, sem o cuidado necessário, pode oscilar para seu lado oposto na mesma intensidade, transformando os trabalhos em intemperança e dispersão.

# 4. Conclusões

O maçom deve aplicar o Princípio de Ritmo dentro e fora da Loja para promover o crescimento pessoal e espiritual e a harmonia entre os Irmãos. No entanto, ele deve compreender que os ciclos a que todos estão sujeitos não são necessariamente círculos fechados, que acabam no mesmo ponto de seu início. O Obreiro deve sempre usar a experiência e o aprendizado para evoluir e subir seu nível de consciência a cada ciclo, seguindo em uma grande e infinita espiral. Assim, a cada novo ciclo que se inicia, o Obreiro está em um nível superior ao que se encontrava no início do ciclo passado.

## Capítulo 8

# O PRINCÍPIO DE CAUSA E EFEITO

*"Toda causa tem seu efeito, todo efeito tem sua causa; tudo acontece de acordo com a lei; o acaso é simplesmente o nome dado a uma lei desconhecida; há muitos planos de causalidade, porém nada escapa à lei."*
(*O Caibalion*)

## 1. Relação de Causa e Efeito

A relação de causa e efeito é um conceito fundamental na compreensão de como eventos ou fenômenos estão interligados. A causa é um evento ou condição que resulta em outro evento, denominado efeito, que é o resultado ou a consequência do evento causador. Entretanto, essa relação nem sempre é simples e linear, um efeito pode ter várias causas, e uma causa pode levar a vários efeitos. Um evento também pode desencadear uma série de eventos em cadeia, nos quais cada um é a causa do próximo efeito.

A distinção entre correlação e causalidade é fundamental para uma interpretação precisa das relações entre variáveis em diversas áreas, incluindo estatística e ciências biológicas. Na correlação, quando duas variáveis estão ligadas significa que existe uma associação ou um padrão entre elas, sem, no entanto, implicar necessariamente uma relação de causa e efeito. Já na causalidade, é necessário mais do que uma simples correlação. Deve-se demonstrar que uma mudança em uma variável causa diretamente uma mudança na outra.

## 1.1 Física

Na Física, a relação causa e efeito é um princípio fundamental, cuja aplicação é muitas vezes mais precisa e quantificável em comparação com as interpretações mais filosóficas ou esotéricas. As Leis de Newton são determinísticas, ou seja, dado um conjunto específico de condições iniciais (a causa), ocorre diretamente um estado futuro de um sistema totalmente determinado (o efeito).

Nessa física determinística, temporalmente, a causa sempre precede o efeito. Contudo, a mecânica quântica introduziu conceitos mais complexos, em que a relação temporal pode ser menos clara. O princípio da incerteza de Heisenberg postula limites fundamentais à precisão com que se podem medir certas propriedades de partículas subatômicas.

A Teoria da Relatividade de Einstein não introduz mudanças significativas no conceito clássico de causa e efeito. Entretanto, ela modifica a compreensão e a percepção de tempo e espaço. Essa teoria unifica espaço e tempo em uma entidade chamada espaço-tempo, que é percebida ocorrendo simultaneamente. Porém, esse conceito de simultaneidade torna-se relativo, principalmente em velocidades próximas à da luz. Assim, quanto maior a velocidade de um elemento, menor será a percepção de tempo.

A Teoria do Caos explora sistemas dinâmicos complexos e como pequenas variações nas condições iniciais podem levar a resultados drasticamente diferentes ao longo do tempo. Isso ressalta a sensibilidade do sistema às condições iniciais e destaca que, mesmo em sistemas determinísticos, a previsão pode ser desafiadora. O conceito de "efeito borboleta" é uma ideia fundamental na Teoria do Caos, ao afirmar que pequenas causas podem ter grandes e imprevisíveis efeitos em sistemas complexos. Pequenas ações, como um ato de bondade ou uma decisão aparentemente insignificante, podem ter grandes impactos na vida de um indivíduo e nas vidas das pessoas ao seu redor.

De maneira geral, causa e efeito são essenciais para a compreensão do funcionamento do universo. No entanto, em escalas muito pequenas (mecânica quântica) ou em sistemas complexos (Teoria do Caos), essa relação pode ser mais sutil, tornando as previsões precisas desafiadoras.

## 1.2 Esoterismo e Misticismo

No esoterismo, a relação entre causa e efeito busca compreender aspectos ocultos ou mais profundos da realidade, muitas vezes além do alcance da percepção comum.

A Lei do Karma é frequentemente vista como um mecanismo que promove o equilíbrio e a evolução espiritual, uma vez que as ações de um indivíduo geram consequências correspondentes, seja nesta vida, seja em vidas futuras.

A Astrologia explora como as posições relativas dos corpos celestes podem fornecer informações e influenciar a personalidade, as relações humanas e outros assuntos relacionados à vida do indivíduo ou de uma população.

Na Alquimia, a busca pela Grande Obra envolve a transmutação e a transformação, tanto em nível material como em nível mental ou espiritual. A relação de causa e efeito é um aspecto central na compreensão dos processos alquímicos, em que a aplicação de certos princípios causa uma mudança específica.

A ideia de sincronicidade, introduzida por Carl Jung, também está relacionada a causa e efeito, pois envolve eventos aparentemente coincidentes que têm significado simbólico, sugerindo uma conexão mais profunda entre os Planos Material, Mental e Espiritual.

Na magia esotérica, rituais, feitiços e práticas mágicas são muitas vezes direcionados para criar efeitos desejados nos planos físico, mental ou espiritual, pois a força de vontade e a intenção são consideradas causas que podem gerar efeitos que influenciam de maneira significativa a realidade manifestada.

# 2. Princípio de Causa e Efeito

O Princípio de Causa e Efeito preconiza que todo efeito tem uma causa específica, assim como toda causa gera um efeito correspondente. Em termos simples, pode ser resumido na ideia de que "toda ação gera uma reação".

A Lei do Karma está intimamente relacionada a esse princípio, uma vez que ambos tratam da ideia de que ações geram consequências. Essa lei firma que toda ação gera uma reação correspondente, que inevitavelmente retornará em algum momento, influenciando os destinos presente e futuro. O Karma não se limita ao Plano Material, abrange também os pensamentos e as intenções. Boas ações geram bom Karma, resultando em experiências positivas, enquanto as más ações geram mau Karma, levando a experiências negativas.

O princípio mostra igualmente que nada acontece por acaso, sendo este um termo para indicar uma causa não reconhecida ou percebida.

## 2.1 O Acaso

De acordo com o *Dicionário Online de Português*, a palavra "acaso" é um substantivo masculino que significa: "causa fictícia de acontecimentos que aparentemente só estão subordinados à lei das probabilidades"; "acontecimento imprevisto, acidente"; "sequência de eventos cuja origem não depende da vontade, sorte".

O acaso pode ter três entendimentos diferentes, que dependem do sentido dado à palavra causa: pode ser algo que acontece sem finalidade ou objetivo; algo que ocorre sem ser consequência de algo passado, que não se explica por uma determinação precedente; ou algo que acontece sem ser explicado por qualquer relação com outras coisas.

Na filosofia hermética, o acaso é um termo usado para descrever eventos cujas causas estão ocultas ou são desconhecidas. Ou seja, trata-se de uma ilusão, de uma falta de percepção da cadeia de causas e efeitos.

Lembrando que esse princípio é uma lei universal e que nada escapa a essas leis; os eventos aparentemente aleatórios são, na verdade, o resultado de causas complexas ou desconhecidas. Muitas dessas causas estão além da compreensão ou da percepção imediata, incluindo as causas nos diferentes Planos de Manifestação, que não são evidentes aos olhos dos não iniciados.

Compreender que a natureza do acaso é apenas uma limitação de percepção e conhecimento pode mudar a abordagem da vida. Em vez de atribuir eventos à sorte ou ao destino, deve-se buscar entender as causas subjacentes, bem como trabalhar para influenciá-las de forma consciente, encorajando a assumir a responsabilidade por suas ações e suas consequências, sabendo que toda ação cria efeitos que moldam a realidade.

## 2.2 A Eventualidade

De acordo com o *Dicionário Online de Português*, a palavra "eventualidade" é um substantivo feminino que significa: "característica, particularidade ou qualidade do que é eventual, que ocorre de maneira inesperada; em que há incerteza; ao acaso".

Na filosofia hermética, a eventualidade é aquilo que acontece ou advém como o resultado ou a consequência de diversos eventos precedentes. Os eventos raramente ocorrem de modo isolado, estando interligados em uma complexa teia de causalidade. É como uma fileira de dominós, na qual há uma continuidade de eventos precedentes, consequentes e subsequentes, havendo uma relação entre o evento presente com tudo o que ocorreu antes e tudo o que ocorrerá depois. Deve-se ter em mente que nenhum evento pode criar outro, tudo o que acontece é um elo passado, presente ou futuro da grande cadeia de eventos gerada pela mente do Todo.

A percepção e a compreensão humanas são limitadas, o que significa que nem sempre é possível captar todas as causas que levam a um determinado evento. O que parece ser uma eventualidade é, na verdade, uma cadeia de causas e efeitos que foram ignorados, consciente ou inconscientemente.

O universo é vasto e complexo, com inúmeras variáveis interagindo constantemente. Mesmo eventos que parecem aleatórios ou imprevisíveis podem ser entendidos dentro do contexto de leis universais que regem a realidade, pois tudo segue um padrão de causa e efeito. O iniciado hermetista deve elevar sua vibração para ampliar sua consciência e autoconhecimento, a fim de enxergar mais claramente as conexões causais. Tentar entender toda essa complexa teia infinita de causalidades é impossível, e persistir nessa tarefa só vai levar à decepção e à frustração.

Quanto maior a vibração, maior será a compreensão das causas subjacentes e também do reconhecimento da inevitabilidade da incerteza. Assim, o mestre hermetista aceita essa incerteza e confia no funcionamento das leis universais.

## 2.3 Livre-arbítrio?

O livre-arbítrio é a capacidade humana de tomar decisões e fazer escolhas de forma independente, sem ser determinado por forças externas ou uma necessidade inevitável. É a liberdade de ação e vontade, permitindo que as pessoas escolham entre diferentes cursos de ação em situações específicas.

O determinismo é a vertente filosófica que prega que todos os eventos, incluindo as ações humanas, resultam de causas anteriores, as quais, inevitavelmente, determinam o que acontecerá. Segundo essa visão, o universo opera de acordo com leis naturais imutáveis e tudo o que acontece é uma consequência direta de eventos precedentes. Dessa maneira, o determinismo nega a existência de um livre-arbítrio genuíno.

No entanto, de acordo com o Princípio de Polaridade, ambas as filosofias são meias-verdades, ou seja, estão parcialmente certas e parcialmente erradas. O Princípio de Causa e Efeito mostra que o livre-arbítrio não é absoluto, pois as escolhas podem ser limitadas por diversas condições, como circunstâncias sociais, culturais, psicológicas e físicas. Além disso, as ações passadas e suas consequências também podem influenciar as opções disponíveis no presente.

A interação entre livre-arbítrio e determinismo é vasta e complexa. O Princípio de Causa e Efeito sugere que, embora muitas coisas estejam determinadas por causas passadas, o livre-arbítrio permite que os indivíduos influenciem e, em certa medida, alterem seu destino por meio de novas escolhas e ações.

## 2.4 Efeitos

O mestre hermetista dedica tempo à introspecção e à meditação, refletindo sobre suas ações passadas, suas motivações e os efeitos dessas ações no presente. Isso lhe permite entender melhor as causas que criou e os efeitos que surgiram.

Compreendendo suas causas e efeitos, busca fazer escolhas éticas e responsáveis, sempre planejando e procurando os melhores efeitos, considerando o bem maior e o impacto de suas ações nos outros. Também deve reconhecer que o determinismo está presente em quase tudo, aceitando com serenidade seus efeitos inevitáveis e focando como responder a eles de maneira construtiva.

Quando o efeito não é o desejado, assume plena responsabilidade por suas ações e aceita com serenidade suas consequências. Aprender com as experiências passadas é fundamental, pois analisa os efeitos de suas ações anteriores para melhorar e evoluir continuamente.

Ao equilibrar ação consciente com aceitação serena do determinismo, o indivíduo se harmoniza com as leis universais e promove um impacto positivo no mundo ao seu redor.

O mestre ainda pode aplicar a Lei de Neutralização do Princípio de Ritmo para mitigar os efeitos negativos e maximizar os positivos. Ciente de seus próprios ciclos emocionais e mentais, promove mudanças de hábitos e posturas, permitindo-lhe se distanciar emocionalmente dos altos e baixos dos ritmos. Ao elevar suas vibrações e subindo a um plano superior, escolhe deliberadamente criar causas positivas, neutralizando os possíveis efeitos negativos de reações automáticas dos planos inferiores.

A prática constante da equanimidade permite ao mestre manter um estado de paz interior, independentemente das oscilações de causas e efeitos, neutralizando os efeitos perturbadores de ritmos emocionais extremos.

## 3. Maçonaria

Na Maçonaria, o Princípio de Causa e Efeito é aplicado de várias maneiras, especialmente em termos de desenvolvimento pessoal, moralidade e compreensão espiritual. A Ordem tradicionalmente está ligada à construção e ao trabalho. Assim, esse princípio pode ser relacionado ao trabalho interior, destacando a ideia de que a construção do caráter e o progresso espiritual são causalidades que se transformam, e efeitos positivos nos Planos Material, Mental e Espiritual.

A máxima: "O plantio é opcional, mas a colheita é obrigatória" reflete a ideia de que os Obreiros são livres para escolher suas ações, mas não podem evitar suas consequências. Logo, ao decidir agir, devem estar cientes das repercussões inevitáveis que suas ações terão no futuro. Esse entendimento encoraja um comportamento responsável e consciente, pois cada escolha gera um impacto inevitável. A outra máxima: "Só não erra quem não faz" complementa essa visão ao reconhecer que agir é inerentemente arriscado, e que o erro faz parte do processo de crescimento e aprendizado. Os Obreiros também devem estar cientes de que evitar a ação por medo de errar é improdutivo. Sua responsabilidade é usar esse entendimento para fazer escolhas que promovam o bem-estar e o progresso coletivo, mesmo que isso envolva riscos e a possibilidade de equívocos.

## 3.1 Ética e Responsabilidade

Entre os preceitos fundamentais da Maçonaria estão a ética e a responsabilidade pessoal, reforçados pelo conhecimento de que cada ação tem consequências. Os Obreiros devem sempre agir com retidão moral, tomando decisões mais conscientes e alinhadas com esses valores, tanto dentro quanto fora da Loja, sabendo que suas escolhas afetam não apenas sua própria vida, mas também o mundo ao seu redor. Ao não obedecer a esses preceitos, acaba por influenciar negativamente seu próprio desenvolvimento pessoal e espiritual.

O Obreiro deve ter o discernimento de aprender tanto com seus sucessos quanto com seus fracassos, responsabilizando-se pelas consequências das causalidades que criou. Deve aumentar suas vibrações, elevando seu nível de consciência, não permitindo que o sucesso lhe suba à cabeça nem que o fracasso se transforme em desespero. Ao identificar a causalidade, pode ajustar seu comportamento e abordagem para alcançar melhores resultados no futuro.

O Rito Adonhiramita oferece ao Obreiro diversos momentos de reflexão e introspecção, como na Cerimônia da Incensação, no Cerimonial do Fogo, na Formação do Pálio e na Abertura do Livro da Lei. São nesses momentos de autoconhecimento que ele pode identificar suas virtudes e vícios, estimulando as primeiras e suprimindo os últimos. Assim, adquire maior prudência, senso de justiça, fortaleza e temperança, promovendo causalidades que se transformarão em efeitos benéficos e positivos.

## 3.2 Lei da Atração

Nada pode ser feito sozinho, assim, o Obreiro também deve aplicar o Princípio de Causa e Efeito juntamente à Lei da Atração, um conceito esotérico que sugere que pensamentos e emoções podem atrair experiências semelhantes. Ao adotar uma mentalidade positiva e focar pensamentos e sentimentos alinhados com os preceitos da Ordem, é possível atrair resultados positivos. No mundo profano, o Obreiro pode usar a

Lei da Atração para ter ao seu redor pessoas que possuem os mesmos objetivos e ideais, possíveis candidatos à Ordem.

Ainda aplicando o conceito da Lei da Atração, o Obreiro deve cultivar relacionamentos positivos e significativos, dentro e fora da Ordem. Ao demonstrar conexões autênticas, empatia e gentileza, cria um ambiente de harmonia e concórdia em todos os lugares em que está presente, no Templo, em casa ou no ambiente de trabalho.

Por fim, ao conseguir tudo o que almejou, o Obreiro deve sempre ter a mentalidade de gratidão, que, além de promover maior satisfação e alegria com a vida, também atrai experiências positivas por meio do ciclo de causa e efeito.

## 3.3 Ritualística

A ritualística Adonhiramita é rica em simbolismos e alegorias. O Princípio de Causa e Efeito pode ser incorporado nas sessões, enfatizando a interconexão entre ações e resultados.

Antes do início da Sessão, na Entrada dos Obreiros, o Mestre de Cerimônias pede um minuto de reflexão. Nesse momento, todos devem mentalizar uma intenção clara e específica para uma Sessão produtiva, cheia de harmonia e concórdia. Durante toda a ritualística da Abertura da Sessão, devem concentrar sua energia e vibração, criando um campo de energia, contribuindo para a manifestação dos efeitos desejados.

A sincronicidade entre os símbolos ritualísticos e a intenção estabelecida pelos Obreiros promovem um alinhamento energético que fortalece a conexão entre a causa e o efeito, aumentando as chances de que as causas estabelecidas se manifestem de acordo com suas intenções.

## 3.4 Evolução Espiritual

A evolução espiritual é um dos princípios maçônicos fundamentais. Ao aplicar o Princípio de Causa e Efeito nessa busca, o Obreiro se conscientiza sobre as causas que estão moldando sua jornada espiritual, guiando-o nas tomadas de decisões. A prática da autoconsciência, de intenção e propósito, bem como o estímulo das virtudes espirituais, permite-lhe avançar em direção à consciência superior e à realização espiritual.

O Obreiro deve reconhecer que suas ações, pensamentos e emoções têm consequências que afetam sua evolução espiritual. Assim, deve assumir a responsabilidade por suas escolhas e comportamentos.

Deve estabelecer intenções claras e positivas para sua jornada espiritual, tomando ações alinhadas com suas intenções, agindo sempre de acordo com os preceitos morais e éticos da Ordem, como compaixão, gratidão, amor fraternal e perdão.

Cada experiência, vitoriosa ou não, leva a um importante aprendizado. Identificar as causas que levaram a esses eventos e a seus consequentes efeitos faz com que o Obreiro esteja aberto a mudanças e transformações, ajustando suas causas para se alinhar com seu crescimento interior.

Por fim, deve aceitar e reconhecer que a evolução espiritual está sujeita às leis universais, devendo sempre trabalhar em harmonia com essas leis para promover seu progresso espiritual.

# 4. Conclusões

De maneira geral, o Princípio de Causa e Efeito mostra que o futuro pode ser influenciado pelo próprio indivíduo, promovendo causalidades no presente que se tornarão efeitos positivos e benéficos futuramente, tanto dentro quanto fora da Loja. Ou seja, se alguém quer mudar de forma positiva seu futuro, deve construir hoje as causalidades desejadas. Por exemplo, nos Planos Material e Mental, uma pessoa que mantém seu corpo e espírito saudáveis, por meio de atividades físicas e mentais constantes, está promovendo as causalidades necessárias para que os efeitos decorrentes de suas escolhas se reflitam em uma velhice independente e lúcida.

## Capítulo 9

# O PRINCÍPIO DE GÊNERO

*"O Gênero está em tudo; tudo tem os seus Princípios Masculino e Feminino; o Gênero se manifesta em todos os planos."*

(*O Caibalion*)

## 1. O Gênero

### 1.1 Conceito

De acordo com o *Dicionário Online de Português*, a palavra "gênero" é um substantivo masculino que significa: "conceito generalista que agrega em si todas as particularidades e características que um grupo, classe, seres, coisas têm em comum"; "diferença entre homens e mulheres que, construída socialmente, pode variar segundo a cultura, determinando o papel social atribuído ao homem e à mulher e às suas identidades sexuais".

É um conceito de classificação generalista ou categorização que agrega as peculiaridades e as características que certo grupo, classe, seres, objetos ou abstrações têm em comum. É frequentemente utilizado para descrever características, papéis e identidades associadas aos sexos biológicos masculino e feminino. No entanto, esse conceito pode variar significativamente entre diferentes culturas e ao longo do tempo, sendo influenciado por fatores sociais, culturais, históricos e individuais.

Nas Ciências Biológicas, significa "grupo de classificação dos seres vivos que reúne espécies vizinhas, aparentadas, afins, por apresentarem entre si semelhanças constantes, família, raça". Sua origem etimológica vem do latim *generu* ou *genere*, que quer dizer "nascimento, origem".

Na Sociologia, refere-se à identidade pessoal de alguém como homem, mulher, não binário, entre outros. É diferente de sexo biológico, pois está mais relacionado à forma como uma pessoa se identifica e expressa sua identidade pessoal.

Em Linguística, diz respeito a um sistema de classificação de substantivos, pronomes e adjetivos em categorias gramaticais com base em características como masculino, feminino ou neutro.

Na Música, os gêneros musicais são usados para agrupar e categorizar diferentes tipos de canções com base em características compartilhadas, como estilo, formato, técnica, contexto cultural e histórico, entre outros elementos distintivos.

## 1.2 Esoterismo e Misticismo

No esoterismo, o termo "gênero" pode ser interpretado de maneira simbólica e metafísica, muitas vezes alinhado com diversas tradições filosóficas e místicas.

Assim como no Hermetismo, o esoterismo frequentemente reconhece uma dualidade energética no universo, representada pelos princípios masculino e feminino. Estes não são vistos apenas como aspectos biológicos, mas também como forças criativas que permeiam toda a existência.

O gênero também é com frequência representado simbolicamente por figuras como o *Yin* e o *Yang* no Taoismo, o *Shiva* e a *Shakti* no Hinduísmo, ou o Sol e a Lua em várias tradições esotéricas. Todos esses símbolos representam a interação dinâmica entre forças que, à primeira vista, aparentam ser opostas, mas que, na verdade, interagem e são complementares.

Na Alquimia, no contexto da evolução espiritual, o conceito de gênero pode ser aplicado durante a jornada da transmutação interior por meio da integração e do equilíbrio das polaridades opostas dentro do indivíduo, como o bem e o mal, ação e apatia, amor e indiferença, etc. Ao dominar e integrar esses opostos, o indivíduo consegue a realização espiritual e a união com o divino.

Em algumas escolas esotéricas, o gênero é visto como um princípio fundamental da criação e da manifestação, uma vez que a união harmoniosa das polaridades masculina e feminina é considerada essencial para o processo de manifestação de pensamentos, intenções e realidades.

# 2. Princípio de Gênero

O Princípio de Gênero preconiza que o gênero está em tudo; os princípios masculino e feminino estão presentes em toda a criação. Esse princípio está em íntima relação com o Princípio de Polaridade e não se refere apenas ao sexo biológico, mas também a uma dualidade universal, que se manifesta em todos os fenômenos nos diferentes planos de manifestação.

## 2.1 Plano Material

No Plano Material, a dualidade se manifesta biologicamente nos sexos masculino e feminino, essenciais para a reprodução e a continuidade das espécies. Na natureza, alguns seres podem ser classificados como monoicos, ou seja, são bissexuados ou hermafroditas, apresentando órgãos sexuais de ambos os sexos, como é o caso de algumas plantas e animais (como minhocas e caracóis).

Na eletricidade, as cargas positivas e negativas interagem de maneira que espelham os princípios masculino e feminino: a carga positiva (masculina) é emissiva, enquanto a carga negativa (feminina) é receptiva. No magnetismo, os polos norte e sul também exemplificam a dualidade, em que forças opostas se atraem e iguais se repelem.

As reações químicas frequentemente envolvem a interação de elementos com características complementares, como ácidos e bases, ou reagentes e catalisadores. Na formação de moléculas, os átomos se combinam por meio de ligações que refletem uma complementaridade, na qual ocorre uma complexa troca de elétrons.

A filosofia hermética propõe que a saúde e o equilíbrio no Plano Material dependem da harmonização dos princípios masculino e feminino. No entanto, esse equilíbrio não é uma questão de igualdade quantitativa entre esses gêneros, mas de integração e cooperação harmoniosa dessas forças complementares. O sistema nervoso autônomo, responsável pela manutenção da homeostase do organismo, é um exemplo claro dessa dualidade. O sistema simpático, masculino, prepara o corpo para situações de estresse (luta ou fuga), enquanto o sistema parassimpático, feminino, promove o repouso e o retorno ao estado inicial. Os hormônios sexuais, testosterona (masculino) e estrogênio (feminino), embora predominem em um sexo, estão presentes em ambos e são essenciais para funções corporais.

Uma dieta equilibrada combina alimentos que fornecem energia (masculino) com aqueles que sustentam e nutrem (feminino). Por exemplo, carboidratos e proteínas fornecem energia e força, enquanto vitaminas e minerais sustentam funções corporais e a saúde geral.

## 2.2 Plano Mental

No Plano Mental, os princípios masculino e feminino não se referem a gêneros biológicos, mas a qualidades e forças mentais que são complementares e necessárias para uma mente equilibrada.

O princípio masculino representa o pensamento lógico, analítico e racional, é a força que analisa, divide, categoriza e estrutura o conhecimento. Também está relacionado à capacidade de iniciar ideias, tomar decisões, solucionar problemas e inovar. É o responsável pelo foco e pela concentração, bem como pela habilidade de direcionar a atenção e manter o enfoque em uma tarefa ou ideia.

O princípio feminino representa o pensamento intuitivo, a sensibilidade e a percepção. É a capacidade de receber, integrar e compreender as informações de maneira holística. Também está conectado à habilidade de nutrir ideias, sentimentos e relações, envolvendo empatia, compaixão e capacidade de entender as emoções. É o responsável pela criatividade no sentido de conceber novos pontos de vista, visualizar e sentir possibilidades futuras.

Para uma mente equilibrada, é essencial que os princípios masculino e feminino trabalhem juntos de maneira harmoniosa e em equilíbrio. Desse modo, o indivíduo tem as qualidades necessárias para evoluir.

O autoconhecimento profundo exige uma combinação de introspecção intuitiva (feminino) e análise racional (masculino), pois o entendimento das emoções e dos padrões comportamentais requer essa dualidade. O equilíbrio emocional é alcançado ao gerenciar as emoções, envolvendo a capacidade de identificar e expressar emoções (feminino), bem como a habilidade de regular e controlar as respostas emocionais (masculino).

Em relação à criatividade e à inovação, os princípios devem atuar de forma integrada e harmoniosa. O aspecto masculino é responsável por dar o primeiro passo, iniciar projetos e tomar a decisão de criar algo novo, envolvendo a coragem de explorar o desconhecido e de implementar novas ideias. Depois que a iniciativa masculina inicia o processo, o princípio feminino cuida dessa semente, nutrindo-a e refinando-a até que se torne uma ideia original. Dessa maneira, utilizando a intuição e a receptividade, o gênero feminino é a fonte de inspiração, que permite o surgimento de novas ideias.

Uma vez concebida, a ideia precisa ser desenvolvida por meio da criatividade humana. A criatividade feminina é fluida e imaginativa, permitindo vislumbrar possibilidades futuras, sonhar com cenários novos e explorar múltiplas alternativas sem restrições imediatas. Complementando esse processo, o princípio masculino proporciona o pensamento analítico e a capacidade de organizar ideias de modo coerente e objetivo. A energia masculina ajuda a manter o foco e a direção durante o processo criativo, analisando a viabilidade das ideias, seleciona as mais promissoras e define um plano de ação para desenvolvê-las. Essa energia é crucial para estabelecer metas, definir objetivos claros e manter o empenho em alcançar resultados específicos.

A inovação exige uma abordagem interativa, em que a intuição feminina guia a experimentação criativa, enquanto a análise lógica masculina avalia os resultados e ajusta os planos conforme necessário. Esse ciclo contínuo de tentativa e erro é essencial para o refinamento das ideias.

A concretização do projeto criativo envolve tanto a energia masculina de execução e realização quanto a energia feminina de adaptação e flexibilidade. A implementação e/ou materialização dessa ideia necessita da determinação e da ação decisiva, enquanto se ajusta às circunstâncias e recebe *feedback*.

O iniciado hermetista deve sempre estar atento para selecionar as ideias que o ajudarão a evoluir e melhorar o mundo ao seu redor. A integração entre os princípios permite uma abordagem completa e eficaz aos desafios da vida, promovendo não apenas a capacidade de pensar e agir, mas também de sentir e intuir.

## *2.2.1 Ideias próprias ou ideias plantadas*

O iniciado deve discernir: quais são suas próprias ideias e quais são as ideias plantadas em sua mente por outras pessoas? Diferenciá-las pode ser desafiador, especialmente em um processo criativo, no qual a maioria das pessoas está exposta a múltiplas influências externas. Para isso, ele deve desenvolver um profundo autoconhecimento, entendendo a consciência profunda de suas próprias motivações, interesses e valores, e identificando as ideias que estão alinhadas com seus valores fundamentais e objetivos de vida. Ideias autênticas em geral surgem espontaneamente como resultado de reflexão e criatividade, bem como vêm carregadas com um senso de significado pessoal e conexão emocional.

Essas ideias plantadas não costumam refletir o verdadeiro “eu” do indivíduo e tendem a gerar impactos negativos, especialmente quando não há a consciência de sua influência. Podem afetar a saúde mental, emocional e, até mesmo, os relacionamentos pessoais e profissionais.

Ao seguir essas ideias artificiais, há a perda de identidade e autenticidade, limitação do potencial criativo, interferência no crescimento pessoal e espiritual e decisões mal orientadas.

## 2.3 Plano Espiritual

No Plano Espiritual, o princípio transcende os Planos Material e Mental, influenciando a criação e a manifestação da realidade manifestada. Os princípios masculino e feminino são considerados energias arquetípicas que permeiam toda a criação, e são essenciais para o equilíbrio e a realização espiritual.

O princípio masculino representa a iniciativa divina, a força ativadora, criadora e geradora do universo. É a energia que origina, impulsiona e manifesta. Está associado à iluminação, à clareza e ao despertar da consciência, simbolizando a busca pelo conhecimento espiritual e a expansão da consciência. Está relacionado à direção espiritual, ao propósito e à ação consciente no caminho espiritual.

O princípio feminino é a receptividade espiritual, é a capacidade de receber, integrar e nutrir a energia divina. É a energia que acolhe, sustenta e transforma. Associado à sabedoria interior, à intuição e à compreensão profunda, simboliza a conexão com o inconsciente e o mistério divino. Está relacionado à compaixão e ao amor incondicional, capazes de curar e nutrir espiritualmente.

Na filosofia hermética, muitos símbolos e arquétipos representam a união dos princípios masculino e feminino, como o Caduceu de Hermes, com suas duas serpentes entrelaçadas em torno de um bastão central, simbolizando a integração das energias masculina e feminina; o símbolo *Yin-Yang* também ilustra a filosofia hermética de equilíbrio, em que o *Yin* (feminino) e o *Yang* (masculino) estão em constante movimento e estabilidade, representando a harmonia universal.

O Princípio de Gênero no Plano Espiritual enfatiza a necessidade de integrar e harmonizar as energias masculina e feminina para alcançar uma conexão profunda com o divino. Essa integração também permite um equilíbrio dinâmico que sustenta o crescimento espiritual, a cura e a transformação. Ao cultivar essa harmonia, pode-se experimentar uma maior unidade com o cosmos, além de uma compreensão mais profunda da verdadeira natureza espiritual.

# 3. Maçonaria

A aplicação do Princípio de Gênero em uma fraternidade exclusivamente masculina, como a Maçonaria, pode ser desafiadora, mas de extrema importância para o fortalecimento da Ordem. A compreensão desse princípio, bem como de sua dualidade e da complementaridade entre os gêneros, gerou importantes reflexões sobre a própria estrutura da Ordem. Embora seja exclusivamente masculina, a Maçonaria reconhece publicamente a importante contribuição de esposas, mães e filhas no crescimento tanto dos Obreiros quanto da própria Ordem.

Os Obreiros podem aplicar esse princípio para melhor compreensão das dualidades e das polaridades dentro de si mesmos, reconhecendo os princípios masculinos, como a razão e a objetividade, e integrando-os com qualidades consideradas femininas, como a intuição e a empatia. Essa integração pode ajudar a criar uma atmosfera mais harmônica e equilibrada, tanto dentro quanto fora do templo. Essas características humanas devem ser valorizadas e reconhecidas como essenciais para a evolução pessoal e espiritual.

Diversos símbolos maçônicos incorporam o Princípio de Gênero, formando dualidades que interagem e se complementam. O compasso, associado à espiritualidade e ao círculo, pode simbolizar a energia feminina, enquanto o esquadro, associado à materialidade e ao quadrado, pode representar a energia masculina. No Rito Adonhiramita, a Coluna B, relacionada ao 1º Vigilante, é associada à energia masculina, pois representa a força, a estabilidade e o aspecto ativo da criação; enquanto a Coluna J, relacionada ao 2º Vigilante, está relacionada à energia feminina, representando a beleza, a intuição, a receptividade e o aspecto passivo da criação.

## 3.1 Tomada de Decisões

Como mostrado no Princípio de Causa e Efeito, as decisões tomadas pelos Obreiros, dentro ou fora do Templo, geram diversos efeitos. Para garantir que as consequências de seus atos sejam as melhores possíveis, devem observar os preceitos do Princípio de Gênero.

Primeiramente, o Obreiro utiliza a energia masculina para ponderar os prós e os contras, coletando e avaliando as informações relevantes para formar uma base sólida para a decisão. Depois, usa a energia feminina para perceber nuances e aspectos sutis que podem não ser imediatamente evidentes por meio da análise lógica.

Em seguida, o princípio masculino analisa cada alternativa de forma crítica, avaliando sua viabilidade e impacto potencial. Utiliza a criatividade para gerar uma variedade de soluções inovadoras e práticas. Já o princípio feminino deve procurar colaborações, envolvendo mais Obreiros no processo de geração de alternativas, valorizando a diversidade de perspectivas e experiências.

Decidida qual a melhor opção, antes de finalizá-la, o Obreiro deve usar sua energia feminina para refletir sobre a decisão, revisando todas as informações e as perspectivas consideradas. Por fim, usa sua energia masculina para tomar a decisão de maneira assertiva e confiante, garantindo que a escolha seja clara e bem comunicada a todos os envolvidos.

## 3.2 Estudos e Trabalhos

O estudo e a produção de Peças de Arquitetura a serem apresentadas em Loja incluem equilibrar as energias masculina e feminina para otimizar sua eficácia, criatividade e profundidade. Esse equilíbrio permite uma abordagem holística e integrada, combinando a análise lógica e objetiva com a intuição e a empatia.

A energia feminina aborda o aprendizado com curiosidade e mente aberta, explorando novas ideias e abordagens, estimulando a criatividade, a intuição, a empatia e a inovação. Já o lado masculino analisa as informações aprendidas com objetividade e clareza, organizando-as e aplicando-as de maneira prática, concretiza as ideias aprendidas com ações práticas e disciplinadas.

Ao harmonizar essas energias, podem-se produzir trabalhos que não só são bem fundamentados e rigorosos, mas também inovadores, envolventes e profundamente conectados com as necessidades e as emoções.

## 3.3 Comunicação

A comunicação sempre foi essencial para a harmonia e a concórdia entre os irmãos. Para ser eficaz, deve equilibrar as energias masculinas e femininas, criando interações harmoniosas e respeitosas.

O princípio masculino é mais assertivo, o que torna a comunicação mais clara e direta ao expressar suas ideias e sentimentos. A comunicação assertiva garante que as necessidades e as opiniões sejam ouvidas e compreendidas. Também estabelece limites de maneira respeitosa e firme, garantindo que os pontos de vista sejam transparentes.

Já o princípio feminino é mais empático, responsável por praticar a escuta ativa, dando atenção plena ao interlocutor, compreendendo suas emoções e perspectivas sem interrupções. Dessa maneira, responde de forma a demonstrar compreensão e consideração pelas emoções e pelas necessidades do outro, validando seus sentimentos e experiências.

## 3.4 Resolução de Conflitos

O Venerável Mestre e seus oficiais devem se lembrar de que os Obreiros são humanos, com virtudes e vícios. Portanto, alguns conflitos são inevitáveis de tempos em tempos. Logo, sua resolução deve ser feita com assertividade e empatia.

A energia masculina possui uma abordagem assertiva e proativa, sendo geralmente a que inicia conversas importantes para abordar os problemas diretamente e avançar nas discussões. É responsável por propor soluções práticas e tomar medidas concretas para restaurar a harmonia entre os irmãos. Durante esse processo, apresenta suas considerações de maneira direta e construtiva, focando soluções e melhorias práticas.

A energia feminina permite observar os fatos com empatia, procurando compreender as emoções envolvidas, validando os sentimentos dos Obreiros e buscando o entendimento mútuo. Essa reflexão garante que as palavras do Venerável Mestre sejam congruentes com seus verdadeiros sentimentos e intenções. Ao praticar a paciência e a tolerância, as conversas podem evoluir naturalmente, respeitando o ritmo e a disposição emocional de todos os envolvidos no conflito.

## 3.5 Construção do Templo Interior

Os três pilares da Loja são as Colunas da Sabedoria, da Força e da Beleza, que se enquadram perfeitamente no Princípio de Gênero na construção do Templo Interior de cada Obreiro.

O Princípio Masculino da Sabedoria é o responsável por iniciar o projeto e tomar a decisão de construir o Templo Interior. Com a ideia concebida, o Princípio Feminino da Sabedoria cuida dela, desenvolvendo-a e amadurecendo-a. Permite que novas ideias surjam de um espaço de sensibilidade e abertura para o desconhecido.

A Força é a energia masculina que ajuda a manter o foco e a direção durante o processo criativo. Ativa, assertiva e estruturada, é responsável por construir o Templo Interior de cada um com vigor e persistência, utilizando suas experiências pessoais e os preceitos morais e éticos da Ordem, selecionando os mais promissores e definindo um plano de ação para desenvolvê-los.

Por fim, a Beleza é o Princípio Feminino, responsável pela finalização harmoniosa e pela estética da obra, contribuindo com sensibilidade, estética e atenção aos detalhes. A verdadeira beleza surge do equilíbrio e da integração harmoniosa das energias masculina e feminina.

Esse entendimento promove uma prática maçônica que valoriza e integra a totalidade da experiência humana, tanto em termos de visão intuitiva quanto de ação assertiva, resultando em obras que são verdadeiramente completas e equilibradas.

## 3.6 Compartilhamento de Ideias Positivas

Os Obreiros podem plantar ideias positivas e construtivas que respeitem a autonomia e o livre-arbítrio das pessoas ao seu redor para beneficiar a humanidade, contribuindo para o bem-estar coletivo e o progresso social.

Valores éticos e morais (como honestidade, compaixão e justiça); consciência social e responsabilidade cívica; incentivo à busca pelo conhecimento e pelo aprendizado contínuo; promoção de autoconfiança e resiliência; inovação e criatividade; empatia e compreensão mútua, todos são exemplos de concepções que compactuam com os ideais maçônicos e que podem ser plantadas na mente coletiva para a construção de uma sociedade mais harmoniosa e justa.

Um grande exemplo é a "Ode à Alegria", de Ludwig van Beethoven. Tocada no quarto movimento de sua *Nona Sinfonia*, foi inspirada pelo poema de mesmo nome, escrito por Friedrich Schiller. Tanto a música quanto o poema são belíssimas obras de arte que enaltecem muitos dos principais preceitos maçônicos, como a fraternidade e a tolerância entre as pessoas. Nenhum dos dois foram maçons, mas, ao longo de suas vidas, diversos maçons os aconselharam e inspiraram. Ou seja, plantaram sementes que se transformaram em uma das mais belas obras de arte da humanidade.

É importante ressaltar que semear novas ideias nas pessoas ao seu redor deve ser motivado por boas intenções, visando ao bem-estar e ao crescimento dos outros, e não por manipulação ou ganho pessoal, sendo transparente quanto às intenções por trás das ideias.

Os Obreiros, seguindo o Princípio de Causa e Efeito, devem considerar os possíveis impactos e consequências dessas ideias. Qualquer ideia que possa ter efeitos negativos ou prejudiciais deve ser reconsiderada ou apresentada com cautela.

Em resumo, plantar ideias nas pessoas ao seu redor pode ser extremamente benéfico para a humanidade, desde que isso seja feito com ética, respeito e intenção positiva. No entanto, é essencial abordar esse processo com uma consciência ética, garantindo que as ideias sejam oferecidas de maneira respeitosa e que reconheçam a autonomia dos indivíduos.

# 4. Conclusões

O Princípio de Gênero é um conceito profundo que abrange mais do que a mera divisão sexual, sugerindo uma dualidade fundamental que permeia todas as coisas, orientando tanto o comportamento humano quanto a estrutura do universo. Por meio do equilíbrio e da harmonia entre esses princípios, é possível alcançar um estado de maior compreensão e realização pessoal.

As dualidades de gênero dentro do templo são intrínsecas à prática e à simbologia da Maçonaria. Os Obreiros devem reconhecer e harmonizar as energias masculinas e femininas para sua evolução espiritual, moral e pessoal, promovendo uma prática equilibrada e holística.

# Capítulo 10

# AXIOMAS HERMÉTICOS

*"A posse do Conhecimento sem ser acompanhada de uma manifestação ou expressão em Ação é como o amontoamento de metais preciosos, uma coisa vã e tola. O Conhecimento é, como a riqueza, destinado ao Uso. Lei do Uso é Universal, e aquele que viola esta lei sofre por causa do seu conflito com as forças naturais."*

(*O Caibalion*)

## 1. Introdução

O último capítulo de *O Caibalion* é uma coletânea de Axiomas Herméticos que mostram que os Sete Princípios Herméticos estão atuando de forma sinérgica e concomitante em Tudo e no Todo. Essas verdades universais provam que o sistema de leis influencia tanto na vida cotidiana quanto na vida iniciática de um indivíduo, refletindo-se no mundo ao seu redor.

De acordo com o *Dicionário Online de Português*, a palavra "axioma" é um substantivo masculino que significa: "evidência cuja comprovação é dispensável por ser óbvia, princípio evidente por si mesmo"; "expressão que contém um sentido moral ou geral; provérbio, máxima ou sentença". Sua origem etimológica vem da palavra grega *axioma*, um substantivo verbal do verbo *axioein*, que quer dizer "considerar valido" ou "requerer". Já a palavra *axios* significa "estar em equilíbrio", podendo ser traduzida como "ter (o mesmo) valor (de)", "válido", "apropriado". Entre os filósofos da Grécia Antiga, um axioma era uma afirmação que poderia ser vista como verdade sem nenhuma necessidade de provas.

De maneira geral, um axioma é uma proposição ou declaração assumida como verdadeira, sem prova, dentro de um sistema lógico ou matemático. Serve como ponto de partida fundamental de que outras verdades são derivadas. É considerado autoevidente ou aceito pela sua obviedade, sendo a base para construir teoremas e outras proposições dentro do sistema. Os axiomas são postulados como verdadeiros por convenção ou por necessidade de um sistema formal.

Na Geometria, o axioma estabelece as regras básicas que governam as relações entre pontos, linhas, planos e outras entidades geométricas. Um exemplo clássico é o conjunto de axiomas de Euclides, que incluem proposições como: "Por dois pontos passa exatamente uma reta"; e "Uma linha reta pode ser prolongada indefinidamente". Outro exemplo é o conjunto de axiomas de Peano, que fundamentam a aritmética dos números naturais, incluindo axiomas como: "0 é um número natural"; e "Todo número natural tem um sucessor que também é um número natural".

Na filosofia hermética, um axioma é uma verdade fundamental que serve como base para a compreensão do universo e da existência. Os axiomas são considerados princípios essenciais que explicam a natureza da realidade e a interconexão entre todas as coisas. Ajudam a explicar a relação entre o macrocosmo (o grande universo) e o microcosmo (o indivíduo), servindo como diretrizes para o estudo esotérico e a prática espiritual na tradição hermética.

Na Maçonaria, embora o termo não seja frequentemente usado, a Ordem adota uma série de princípios e ensinamentos fundamentais que funcionam de maneira semelhante a axiomas em outras filosofias. Considerados verdades essenciais que orientam o pensamento e as ações, preconizam a Fraternidade Universal, a importância da Moralidade e da Ética, a busca da Sabedoria e da Verdade, o desenvolvimento pessoal e espiritual, a liberdade de consciência, a benemerência, o uso de simbolismos e alegorias, além da construção do Templo Interior.

# 2. Lei do Uso

De acordo com o Hermetismo, a Lei do Uso é um princípio que enfatiza a importância da aplicação prática do conhecimento e das competências, sugerindo que tudo no universo deve ser utilizado de maneira consciente e intencional para o bem e para o progresso, tanto individual quanto coletivo. A ideia é que recursos, habilidades e conhecimentos não devem ser desperdiçados ou negligenciados, mas empregados de forma eficaz para alcançar objetivos positivos e benéficos.

Ser detentor desses atributos e guardá-los apenas para si, além de denotar uma grande avareza mental, também é algo fútil e inútil, pois não trará bem algum para o próprio indivíduo ou para a humanidade.

Essa lei também implica uma responsabilidade ética na utilização de recursos e capacidades. Enquanto o uso consciente e positivo contribui para o bem maior, seu uso inadequado ou irresponsável pode levar a consequências nefastas.

Os Princípios Herméticos não são bons ou maus, simplesmente são Leis Universais que atuam indiferentes à índole ou aos ideais do indivíduo. Essa sabedoria milenar nas mãos de uma pessoa virtuosa gera prosperidade e evolução do mundo e da humanidade. No entanto, quando empregada por um déspota, as consequências costumam ser terríveis, podendo envolver conflitos em larga escala e calamidades humanitárias.

Na Maçonaria, a aplicação da Lei do Uso pode ser interpretada como a prática consciente e ética de habilidades, conhecimentos e recursos que o Obreiro possui para o bem individual e coletivo. Incentivados a buscar continuamente o aprimoramento pessoal e intelectual, os Obreiros devem aplicar essa lei para se tornarem melhores versões de si mesmos, desenvolvendo virtudes como sabedoria, coragem e temperança. Esse conhecimento e experiências devem ser sempre usados para o bem maior, tanto no compartilhamento com os Irmãos, a fim de promover o aprendizado mútuo e o crescimento coletivo, quanto na aplicação para beneficiar a sociedade mediante a caridade, o trabalho voluntário ou a liderança em iniciativas comunitárias.

Mais importante, deve-se aplicar essa lei para ser o líder em suas comunidades fora da Loja, guiando-as sempre em direção ao progresso e à prosperidade. Ao atuar com ética, integridade, justiça, compaixão e responsabilidade, o Obreiro torna-se um exemplo para todos à sua volta, inspirando-os a serem cada vez melhores.

Essas boas ações reverberam como uma pedra em um lago, criando ondas de energias positivas, influenciando positivamente as pessoas ao seu redor, propagando essas energias e criando novas lideranças que compactuem com os preceitos da Ordem.

Tendo em mente que para a evolução tanto da Loja quanto do mundo ao seu redor a sabedoria deve estar nas mãos de pessoas livres e de bons costumes, os Mestres devem ser extremamente criteriosos e cuidadosos ao indicar alguém à Maçonaria. Lembrando que o candidato deve ter todos os preceitos maçônicos: ser livre, de bons costumes e ter caráter ilibado.

## 2.1 Axiomas Herméticos

*"Para mudar a vossa disposição ou vosso estado mental,*
*mudai a vossa vibração."*
(*O Caibalion*)

Esse axioma está diretamente relacionado ao Princípio da Vibração, que preconiza que tudo no universo, de objetos físicos a pensamentos, emoções e estados mentais, é constituído de energia em diferentes estados de vibração.

Cada tipo de pensamento ou emoção possui uma frequência vibratória específica: emoções positivas, como alegria e amor, têm vibrações mais altas; enquanto emoções negativas, como medo e raiva, têm vibrações mais baixas.

O estado mental de cada um pode ser alterado simplesmente aumentando sua frequência de vibração por meio de várias práticas, como meditação, cultivar pensamentos positivos e gratidão, exercícios físicos, alimentação balanceada, artes e interações sociais positivas.

As vibrações e o estado de espírito de um indivíduo ainda podem influenciar as pessoas e o mundo ao seu redor. Estados negativos, como medo, ansiedade, raiva e desprezo, vão diminuir o estado vibracional de tudo e todos ao seu redor; já estados positivos, como felicidade, coragem, compaixão, harmonia e concórdia, vão promover a melhora do bem-estar geral e saúde.

Na Maçonaria, quando um Obreiro chega à Sessão carregando problemas do mundo profano, suas vibrações estarão baixas e seu estado mental debilitado. No entanto, a abertura da Loja Adonhiramita, cheia de simbolismos e esoterismo, propicia o ambiente ideal para estimular a reflexão e a introspecção, aumentando sua vibração e, consequentemente, seu estado mental. Em adição, as vibrações dos demais Irmãos também vão influenciá-lo positivamente, levando a uma disposição mais adequada e equilibrada.

---

*"Para destruir uma desagradável ordem de vibração mental, ponde em movimento o Princípio de Polaridade e concentrai-vos sobre o polo oposto ao que desejais suprimir. Destruí o desagradável mudando sua polaridade."*

(*O Caibalion*)

Para o Princípio de Polaridade, tudo tem dois polos ou aspectos opostos, que nada mais são do que extremos da mesma coisa. Por exemplo, quente e frio são apenas diferentes graus de temperatura.

Como possuem a mesma natureza, esses opostos são intercambiáveis, sendo possível transformar um no outro ao mudar suas vibrações e, consequentemente, seu grau de manifestação. O entendimento dessa delicada interação entre as vibrações e as polaridades oferece maior compreensão sobre a natureza e o universo.

Esse axioma sugere que, em vez de lutar contra estados mentais negativos diretamente, deve-se focar o desenvolvimento e o fortalecimento do estado mental positivo oposto. Ao alterar suas vibrações, você elimina o desagradável por meio da transformação e não da supressão.

A vibração mental refere-se ao estado emocional ou mental em que uma pessoa se encontra, podendo ser positivo ou negativo. Quando um indivíduo está tomado por emoções desagradáveis, como raiva, medo, tristeza ou ansiedade, sua vibração está baixa. Para se elevar desse estado mental, o axioma sugere que ele deve usar o Princípio de Polaridade, concentrando-se no polo oposto da emoção ou estado mental que se deseja suprimir. Assim, deve-se concentrar na paz de espírito, na coragem, na alegria e na confiança, aumentando sua vibração, saindo do estado negativo e seguindo para um estado positivo.

Na Maçonaria, o Obreiro deve sempre forjar algemas ao vício e levantar templos à virtude. É uma tarefa árdua e constante, para a qual deve estar constantemente atento, a fim de evitar que hábitos nocivos ou pensamentos negativos não cresçam em seu Templo Interior.

No primeiro sinal de problemas, o Obreiro deve reconhecer o estado mental desagradável que deseja mudar e se concentrar no polo oposto. Por exemplo, se ele está se sentindo desanimado ou apático, deve concentrar sua mente e energias em pensamentos e sensações de disposição e proatividade. Usando suas forças mentais, eleva suas vibrações e caminha de um polo a outro. Deve praticar essa mudança de polaridade de forma consistente até que o novo estado mental se torne dominante. Algumas práticas de reforço podem ser aplicadas para a manutenção desse estado positivo, como afirmações positivas, visualizações, meditação, atividades que trazem prazer e alegria, ou a companhia dos demais Irmãos, cheios de energias edificantes.

Em sessões nas quais as discussões ficaram mais acaloradas, gerando desconforto entre os Irmãos, os estados mentais tendem a diminuir, prejudicando a harmonia e a concórdia dentro do Templo. Nesses casos, cabe ao Venerável Mestre e aos Vigilantes a tarefa de aumentar o estado vibracional da Loja, promovendo a harmonia e a concórdia por meio de palavras e ações. O Mestre de Harmonia pode ajudar selecionando músicas que estimulem a reflexão e que elevem os espíritos.

De maneira geral, em vez de lutar diretamente contra uma emoção negativa, o Obreiro redireciona sua energia para cultivar a emoção positiva correspondente, neutralizando, assim, o efeito da vibração negativa.

---

*"A Mente (tão bem como os metais e os elementos) pode ser transmutada de estado em estado, de grau em grau, de condição em condição, de polo em polo, de vibração em vibração."*
(*O Caibalion*)

Esse axioma, profundamente associado aos Princípios de Mentalismo, de Vibração e de Polaridade, refere-se à ideia de que a mente e suas condições são maleáveis e podem ser transformadas por meio de processos conscientes, de modo semelhante à maneira como os alquimistas tentavam transmutar metais básicos em ouro.

De acordo com o Princípio de Mentalismo, tudo no universo, incluindo nossa realidade física, é uma manifestação mental do Todo, logo, a mente tem o poder de influenciar e transformar a realidade. Já o Princípio de Vibração mostra que tudo está em constante movimento e possui uma frequência vibratória específica. Por fim, a transmutação mental é o processo de transformar ou mudar o estado, a condição ou a vibração da mente, seguir de um polo a outro, de formas inferiores para superiores. Assim, o iniciado hermetista, por meio da transmutação mental, pode alterar seu estado emocional, grau de intensidade, condição mental, polo e vibração.

Na Maçonaria, o Obreiro deve estar atento a seus próprios estados mentais e emocionais. A introspecção e o autoconhecimento permitem que ele identifique os padrões de pensamentos que precisam ser transformados. Tanto dentro quanto fora do Templo, deve procurar sempre estar com o estado mental sereno e assertivo. Dessa forma, além de evoluir pessoal e espiritualmente, também atua como agente catalisador para o progresso de todos ao seu redor.

Ao identificar um estado mental negativo ou nocivo, deve utilizar as ferramentas necessárias para trabalhar sua mente e revertê-lo a um estado positivo. Deve utilizar a intenção e a força de vontade para direcionar a mente para os estados desejados, pois a mentalidade positiva e a intenção consciente são poderosas transmutadoras.

O Obreiro deve mudar de um estado mental negativo para outro positivo; reduzir a intensidade dos pensamentos negativos enquanto aumenta os positivos; transformar uma situação mental ou emocional desfavorável em uma mais favorável; seguir em direção ao polo positivo; e ajustar a frequência vibratória da mente para alcançar estados mais elevados de consciência e bem-estar.

---

*"O Ritmo pode ser neutralizado pela aplicação da Arte de Polarização."*
(*O Caibalion*)

Esse axioma refere-se à capacidade de influenciar e controlar os padrões de ritmo da vida por meio da aplicação do Princípio de Polaridade. O Princípio de Ritmo afirma que o universo opera em ciclos e padrões rítmicos, em que tudo oscila entre períodos de atividade e inatividade, crescimento e declínio, expansão e contração, sendo parte natural da vida, podendo afetar os estados mentais, emocionais e físicos. A Arte de Polarização direciona a energia e o foco mental para amplificar ou neutralizar os extremos de uma situação.

As oscilações dos ritmos universais podem ser positivas ou negativas, dependendo de como as percebemos e respondemos a elas. A sucessão de emoções, comportamentos, ações e outros estados mentais obedece ao ritmo, como em um pêndulo, levando de um extremo ao outro, como momentos de alegria e atividade, seguidos de momentos de tristeza e procrastinação.

Ao aplicar a Arte de Polarização, podem-se neutralizar os efeitos negativos do ritmo ao se concentrar no polo oposto da oscilação. Ao enfrentar um período de declínio no ritmo, com baixas vibrações, deve-se direcionar a mente para o polo oposto, usando as energias para aspectos positivos e inspiradores, com altas vibrações.

Em resumo, o axioma ensina que se pode usar a capacidade de direcionar a mente e a energia para equilibrar e neutralizar os efeitos do ritmo na vida. Ao aplicar conscientemente a polarização, encontram-se estabilidade e resiliência, independentemente das flutuações naturais do universo.

Na Maçonaria, o Venerável mestre deve estar sempre atento ao ritmo da Loja e dos Obreiros. Períodos de muito trabalho e estudo são seguidos por períodos de descanso e reflexão; períodos de compenetração e foco são seguidos por períodos de descontração. Não obedecer a esse fluxo e refluxo pode causar sérios distúrbios na harmonia da Loja, pois pode exacerbar o movimento desse pêndulo para o lado negativo.

Ao reconhecer esses padrões e como eles afetam a Loja e os Obreiros, o Venerável Mestre, juntamente a seus oficiais, deve direcionar a mente de todos para o polo positivo, equilibrando qualquer desarmonia que possa surgir.

Outra importante lição que os Obreiros podem extrair desse axioma é o foco na Transformação. Em vez de se deixarem levar por altos e baixos do ritmo, devem concentrar-se na transformação pessoal e no crescimento contínuo, aproveitando os períodos de expansão e aprendendo com os períodos de contração.

---

*"Nada escapa do Princípio de Causa e Efeito, mas existem vários Planos de Causalidade, e podem-se empregar as leis do plano superior para vencer as leis do inferior."*
(*O Caibalion*)

Esse axioma hermético, intimamente ligado ao Princípio de Causa e Efeito, mostra a ideia de que a realidade opera em diferentes planos ou níveis de existência. Ele aborda a interconexão entre os diferentes níveis de manifestação, e como é possível influenciar os efeitos em um nível inferior por meio de ações ou leis de um nível superior.

O Princípio de Causa e Efeito implica que cada ação ou evento é precedido por uma causa e resulta em efeitos específicos, criando uma cadeia contínua de causa e efeito que permeia toda a existência.

A parte essencial desse axioma é a ideia de que as leis ou as ações de um plano superior podem influenciar ou até mesmo suplantar as leis de um plano inferior. Isso implica que as polaridades estão interligadas por relações de causa e efeito. Essa interação sugere que o equilíbrio dinâmico na vida entre as polaridades opostas pode ser mantido por meio de relações de causa e efeito, considerando a consciência das consequências das ações e permanecendo atento às implicações de escolhas e ações em relação às polaridades do universo. Por exemplo, os efeitos no Plano Material podem ser influenciados pelas causas que ocorrem em planos superiores, como o Mental ou o Espiritual.

Em resumo, o axioma destaca a interconexão entre os diferentes níveis de realidade e sugere que o plano inferior pode ser influenciado por meio da aplicação dos princípios herméticos de um plano superior, levando a uma compreensão mais profunda do funcionamento do universo e do poder que cada um tem para moldar sua própria realidade.

Na Maçonaria, os Obreiros devem ter o entendimento dos diferentes níveis de manifestação e de como eles se interconectam. Assim, conseguem empregar práticas espirituais para influenciar as causas em planos superiores que podem afetar positivamente os efeitos no plano físico. Os Obreiros, durante a abertura da Loja, elevam seus pensamentos de forma positiva nos planos superiores, gerando a harmonia e a concórdia necessárias para o bom andamento da Sessão.

No entanto, os Obreiros devem estar constantemente atentos, pois da mesma maneira que a força mental pode elevar as energias da Loja, pensamentos negativos e de baixa vibração podem influenciar negativamente todos os trabalhos em Loja.

---

*"Os Sábios servem no plano superior, mas governam no inferior. Obedecem às leis que vêm de cima deles, mas no seu próprio plano e nos inferiores a eles governam e dão ordens. E assim fazendo formam uma parte do Princípio, sem se oporem a este. O sábio concorda com a Lei, e compreendendo o seu movimento, ele o opera em vez de ser cego escravo. Do mesmo modo que o hábil nadador volta o seu caminho e faz este caminho, conforme a sua vontade, sem ser como a bar-*

*ca que é levada para cá e para lá: assim é o sábio em comparação do homem ordinário; e, contudo, o nadador e a barca, o sábio e o ignorante, estão sujeitos à Lei. Aquele que compreende isto está bem no caminho do Domínio."*

(*O Caibalion*)

Esse axioma hermético descreve o papel e a atitude dos mestres herméticos em relação ao funcionamento das leis universais nos diferentes planos de existência. Destaca a importância de servir e obedecer às leis superiores enquanto governam e dão ordens nos planos inferiores, mantendo-se em harmonia com o Princípio Universal.

Os sábios são aqueles que alcançaram um alto grau de compreensão espiritual e consciência, sendo descritos como servidores dos planos superiores, ou seja, estão alinhados e em sintonia com as leis e os princípios universais que regem os três planos de manifestação. No entanto, também são capazes de governar nos planos inferiores, o que implica que eles têm a capacidade de influenciar e orientar os acontecimentos e as pessoas nos níveis mais baixos de existência, agindo de acordo com sua elevada compreensão e sabedoria espiritual. Lembrando que mesmo eles devem obedecer às leis que vêm de cima, reconhecendo e respeitando as leis universais que regem os planos superiores.

Estão em harmonia com a Lei Universal, não se opondo a ela, mas trabalhando em cooperação e alinhamento com seus princípios. Dessa maneira, compreendem que todos estão sujeitos a ela e são capazes de aplicá-la de forma consciente e intencional, em vez de serem escravos das circunstâncias ou das emoções.

Aqueles que compreendem e aplicam os preceitos desse axioma são capazes de orientar suas vidas e influenciar positivamente o mundo ao seu redor, enquanto permanecem em harmonia com as leis universais.

Na Maçonaria, esse axioma mostra a importância da evolução espiritual do Obreiro desde que entra na Ordem como Aprendiz, passando para Companheiro e chegando, por fim, ao Grau de Mestre.

O Aprendiz possui baixas vibrações, estando mais ligado ao Plano Material; logo, a Matéria ainda sobrepuja a Mente. No entanto, a cada ensinamento e experiência, o Obreiro adquire maior autoconhecimento para desbastar e esquadrejar sua pedra bruta, aumentando seu estado vibracional e, consequentemente, elevando-se de nível, tornando-se apto para alcançar o Grau de Companheiro.

O Companheiro já é capaz de equilibrar os poderes da Matéria e da Mente, passando a focar seus estudos para evoluir espiritualmente, estimulando a reflexão e a introspecção a fim de chegar ao Grau de Mestre, cuja mente passa a sobrepujar a Matéria.

O Mestre deve continuar sua evolução, pois, quanto maior sua vibração, mais eficaz será sua influência positiva sobre os demais Obreiros e sobre a Loja. Também deve levar esse estado vibracional para o mundo profano, a fim de ajudar no progresso das pessoas e do mundo ao seu redor.

O Venerável Mestre, contendo as maiores energias vibracionais, deve liderar os Obreiros, atuando sempre com serenidade e assertividade, afastando-se das circunstâncias e das emoções. Dessa maneira, estando em um nível superior, pode aplicar a Lei de Neutralização para resolver disputas ou desentendimentos que, porventura, apareçam entre os Obreiros.

---

"A verdadeira Transmutação Hermética é uma Arte Mental."
(*O Caibalion*)

A transmutação hermética refere-se ao processo de transformar algo em alguma coisa mais elevada ou mais pura, geralmente simbolizada pela transformação do chumbo em ouro na alquimia tradicional. Esse axioma ressalta que a verdadeira transformação alquímica ocorre principalmente no nível mental, antes de se manifestar em qualquer mudança tangível no plano material.

O termo "Arte Mental" implica que a transmutação envolve habilidades mentais e capacidades criativas, como intenção, visualização, concentração e vontade. A transmutação requer uma profunda consciência do que se deseja alcançar e uma intenção clara de realizar essa transformação. Ao moldar e direcionar a própria mente para alcançar objetivos específicos de transformação, a mente desempenha um papel crucial na criação de um estado mental que apoie a manifestação desse resultado.

O iniciado hermetista deve direcionar a energia mental de forma deliberada e contínua, apesar de distrações ou desafios, para sustentar o processo de transformação. Esse processo exige paciência e persistência, pois pode ser longo e desafiador, exigindo uma dedicação contínua à prática e ao aprimoramento das habilidades mentais.

Essas transformações mentais podem incluir uma clareza maior na percepção da realidade, sensação de paz interior ou mais harmonia nos relacionamentos, ao se materializar no plano material, até mesmo eventos externos parecem se alinhar de acordo com a vontade do iniciado.

Na Maçonaria, já foi exemplificado o importante papel da Mente tanto na evolução dos Obreiro quanto na formação de um ambiente propício para uma Sessão cheia de harmonia e concórdia.

Da mesma forma que os alquimistas medievais transmutavam chumbo em ouro, o Obreiro deve transformar sua mente de chumbo em uma mente de ouro, virtuosa e perfeita. Ao elevar sua mente, o Obreiro pode moldar a realidade à sua volta de modo que ajude no progresso da Ordem e da humanidade, pois o universo é mental e tudo que está dentro dele é regido pela mente, que pode sobrepujar a matéria, alterando condições e fenômenos universais.

# REFERÊNCIA


- ADONHIRAMITA.ORG. A Liturgia Adonhiramita. Disponível em: <https://www.adonhiramita.org/liturgia.htm>. Acesso em: 15 out. 2023
- ASLAN, N. *Comentários ao Ritual de Aprendiz*. 1. ed. Londrina: Trolha, 2006.
- D'ELIA JÚNIOR, R. *Maçonaria:* 100 Instruções de Aprendiz. 1. ed. São Paulo: Madras Editora, 2017.
- FACHIN, L. *Virtude e Verdade:* Graus Simbólicos – Tomo I. 2. ed. Porto Alegre: Editora AGE, 2018.
- FREEMASON. Disponível em: <https://www.freemason.pt/>. Acesso em: 14 jun. 2024.
- GALVÃO, L. H. *O Caibalion*: Leitura Comentada. *Nova Acrópole Brasil*. Disponível em> <https://www.youtube.com/watch?v=KIUSFoeRw4w&list=PLhS5OrpTv6-ZWw781K8Tij-NWL-9Iln9m>. Acesso em: 14 jun. 2024.
- ______________. *Para Entender o Caibalion:* a Vivência da Filosofia Hermética e Sua Prática nos Dias de Hoje. 2. ed. São Paulo: Pensamento, 2021.
- GRANDE ORIENTE DO BRASIL. *Ritual do 1º Grau:* Aprendiz Maçom do Rito Adonhiramita. 1ª ed. Brasília: Editora Grande Oriente do Brasil, 2009.
- JUK, P. *Blog do Pedro Juk*. Disponível em: <http://pedro-juk.blogspot.com/>. Acesso em: 14 jun. 2024.
- JURADO, J. M. *Maçonaria Adonhiramita:* Apontamentos. 1. ed. São Paulo: Madras Editora, 2004.

- MELKISEDEK, F. R. C. *Iniciação a Maçonaria Adonhiramita:* o Aprendiz. 1. ed. São Paulo: Editora A Gazeta Maçônica, 2003.
- MULLER, L. *Ensaios Essenciais da Maçonaria Adonhiramita*. 3. ed. São Paulo: Editora UICLAP, 2018.
- SOUZA, A. *Passos de um Aprendiz Adonhiramita*. 1. ed. Londrina: ATrolha, 2017.
- SOUZA, A. F. *1782:* Rito Adonhiramita. Joinville: Clube de Autores, 2023.
- SOUZA, M. F. *Maçonaria e as Sete Leis Herméticas*. [*S. l.*]: Edição do Autor, 2021.
- TRÊS INICIADOS, OS. *O Caibalion:* Estudo da Filosofia Hermética do Antigo Egito e da Grécia. 2. ed. São Paulo: Pensamento, 2021.
- TRISMEGISTO, H. *Corpus Hermeticum:* A Tábua de Esmeralda. 1. ed. São Paulo: Createspace Independent Publishing Platform, 2017.

MADRAS® Editora

# CADASTRO/MALA DIRETA

*Envie este cadastro preenchido e passará a receber informações dos nossos lançamentos, nas áreas que determinar.*

Nome ______________________________

RG ______________ CPF ______________

Endereço Residencial ______________________________

Bairro ____________ Cidade ____________ Estado ____

CEP ____________ Fone ______________________

E-mail ______________________________

Sexo ❑ Fem. ❑ Masc. Nascimento ______________

Profissão ______________ Escolaridade (Nível/Curso) __________

Você compra livros:

❑ livrarias ❑ feiras ❑ telefone ❑ Sedex livro (reembolso postal mais rápido)

❑ outros: ______________________________

Quais os tipos de literatura que você lê:

❑ Jurídicos ❑ Pedagogia ❑ Business ❑ Romances/espíritas

❑ Esoterismo ❑ Psicologia ❑ Saúde ❑ Espíritas/doutrinas

❑ Bruxaria ❑ Auto-ajuda ❑ Maçonaria ❑ Outros:

Qual a sua opinião a respeito dessa obra? ______________________________

______________________________

Indique amigos que gostariam de receber MALA DIRETA:

Nome ______________________________

Endereço Residencial ______________________________

Bairro ____________ Cidade ____________ CEP __________

Nome do livro adquirido: ***Os Sete Princípios Herméticos na Maçonaria Adonhiramita***

---

Para receber catálogos, lista de preços e outras informações, escreva para:

**MADRAS EDITORA LTDA.**
Rua Paulo Gonçalves, 88 — Santana
CEP: 02403-020 — São Paulo/SP
Tel.: (11) 2281-5555 – (11) 98128-7754
**www.madras.com.br**